3级

HSK 词汇应试攻略

金学丽 谭丽梅 娄秀荣 ◎编著

300词

北京语言大学出版社
BEIJING LANGUAGE AND CULTURE UNIVERSITY PRESS

图书在版编目（CIP）数据

HSK 词汇应试攻略．3 级 / 金学丽，谭丽梅，娄秀荣编著．-- 北京 ：北京语言大学出版社，2019.10
ISBN 978-7-5619-5520-8

Ⅰ．① H… Ⅱ．①金… ②谭… ③娄… Ⅲ．①汉语－词汇－对外汉语教学－水平考试－自学参考资料 Ⅳ．① H195.4

中国版本图书馆 CIP 数据核字 (2019) 第 206668 号

HSK 词汇应试攻略（3 级）

HSK CIHUI YINGSHI GONGLÜE (3 JI)

排版制作：北京光大印艺文化发展有限公司
责任印制：周 燚

出版发行：北京语言大学出版社
社　　址：北京市海淀区学院路 15 号，100083
网　　址：www.blcup.com
电子信箱：service@blcup.com
电　　话：编辑部　8610-82303647/3592/3724
国内发行　8610-82303650/3591/3648
海外发行　8610-82303365/3080/3668
北语书店　8610-82303653
网购咨询　8610-82303908
印　　刷：北京鑫丰华彩印有限公司

版　　次：2019 年 10 月第 1 版　　印　　次：2019 年 10 月第 1 次印刷
开　　本：787 毫米 ×1092 毫米　1/16　　印　　张：15.5
字　　数：308 千字
定　　价：48.00 元

PRINTED IN CHINA

编写说明

总体说明： 为了帮助考生顺利通过汉语水平考试（HSK），提高考生对汉语词汇熟练运用与得体表达的能力，我们依据 2015 年孔子学院总部 / 国家汉办最新发布的《HSK 考试大纲》，结合目前已经公布的所有汉语水平考试真题，参考已出版的与汉语水平考试词汇有关的辅导书，编写了《HSK 词汇应试攻略》系列参考书。本系列参考书包括 1~2 级（300 词）、3 级（300 词）、4 级（600 词）、5 级（1300 词）、6 级（2500 词）共五册。每册词汇均按词群分类，编写体例也基本一致，由拼音、词性、中英文释义、词语扩展与搭配、仿真例示、反义词或近义词辨析等部分组成，其中 1~2 级、3 级的词语扩展与搭配部分有拼音标注，4 级、5 级、6 级不再标注拼音，以实现拼音到汉字的过渡。同时，根据每级词汇的特点及要求，在大原则不变的基础上，仍会凸显各册特色。

适用对象： 本系列参考书适用于参加汉语水平考试的学生（第一语言非汉语的学生），也适用于从事汉语水平考试辅导的教师。

编写特点（例词以 3 级词汇为例）：

1. 词群分类，易于联想

词群分为两级，一级词群和二级词群，二级词群是一级词群的下位词群。如 3 级词汇中的一级词群“家庭生活”类，包括下位二级词群“感知、个体、购物、家庭、健康、交流”六类。一级词群按生活的主次排序，二级词群内部均采用音序法排序，以便查询。这种分类方法符合人类的认知规律，有益于学生迅速联想同类词语，掌握同类词语。

2. 扩展搭配，便于运用

每个词条均给出其常用扩展与搭配的类型，以便恰当掌握和运用该词条。以词寻找搭配成分，可以使学生快速准确地掌握词语用法，达到应试水平。如：

【满意】 mǎnyì 动 心里感到满足；符合自己的心意。(be) satisfied

扩展与搭配

比较满意 bǐjiào mǎnyì	非常满意 fēicháng mǎnyì
不满意 bù mǎnyì	满意地笑了 mǎnyì de xiào le
感到满意 gǎndào mǎnyì	对……满意 duì…mǎnyì

3. 提示用法，助于理解

在某些容易用错的词语后面增加提示，阐释用法，是为了让学生准确得体地使用词语，防止错用。如对词条“感兴趣”给予提示：

注意：“感兴趣”是个动宾短语，后面不能再有宾语，如不能说“我感兴趣这本书”。如有宾语则需借助介词“对”，组成介词短语，放在“感兴趣”前面，即“对……感兴趣”，如“我对这本书感兴趣”。

部分词条注明了其近义词或反义词（如在“旧”这个词条后面，注明近义词“老”，反义词“新”）。近义词和反义词的标注，可以启发学生运用联想记忆的方式进行词汇的巩固和扩展，即温故又知新。

4. 仿真呈现，利于掌握

根据每个词条的不同义项和该词条在真题中出现的高频题型，编写相应的仿真题，即看到该词就会想到该词可能出现在哪种题型中。根据词条进行高频题型的操练，有助于推测词条容易出现的题型，做到有的放矢，提高通过率。如词条“满意”，高频出现在听力、阅读、书写的各类题型中，通过反复训练，学生可以熟巧地掌握其用法。

<仿>听力·听句子判断正误

爸爸、妈妈看到小明的成绩单，**满意**地笑了。

★小明的成绩不好。（　　）　　答案【×】

<仿>阅读·阅读句子选择正确答案

他觉得这个房子虽然不大，但是阳光很好，周围环境不错，附近地铁站、公共汽车站都有，上班也很近。

★对这个房子，他觉得：

A 很**满意**　　B 有点儿贵　　C 环境不好　　答案【A】

<仿>书写·用所给词语完成句子

老师　他的回答　对　**满意**　非常　　参考答案：老师对他的回答非常**满意**。

本系列参考书的编写成员均为一直从事对外汉语教学的一线教师，他们都是汉语水平考试系列丛书（《新汉语水平考试模拟试题集》《新 HSK 应试全解析》）的编撰者，对汉语水平考试有全方位的了解，汉语水平考试不同级别的编写成员对该级别的考试均有丰厚的积淀和深入的研究。本系列参考书从论证、编写到完成一直得到了北京语言大学出版社原董事长张健编审、国际汉语教育事业部唐琪佳老师及方兴龙老师的关心与支持，他们对本系列参考书提出了宝贵的修改建议，在此向他们表示诚挚的谢意！希望本系列参考书的出版对参加汉语水平考试的学生以及汉语水平考试辅导教师有一定的帮助。书中疏漏之处敬请同人和使用者批评指正！

语法术语缩略形式表

代	代词	Pronoun
动	动词	Verb
副	副词	Adverb
介	介词	Preposition
连	连词	Conjunction
量	量词	Measure Word
名	名词	Noun
数	数词	Numeral
数量	数量词	Quantifier
形	形容词	Adjective
助	助词	Particle

目录

一、家庭生活

1 感知

【聪明】cōngmíng 形 记忆和理解能力强，一学就会。clever, smart

扩展与搭配 很聪明 hěn cōngmíng　非常聪明 fēicháng cōngmíng
不聪明 bù cōngmíng　聪明的孩子 cōngmíng de háizi
聪明得很 cōngmíng de hěn

<仿>听力·听句子判断正误

聪明的学生应该课前做好预习，上课的时候认真听老师讲课，下课以后认真复习。
★**聪明**的学生知道怎么学习。（　　）　答案【√】

<仿>阅读·根据句子选择上下文

A 你看看桌子上有没有。
B 别忘了明天有口语考试。
C 这孩子三岁就认识很多字了。
D 你觉得这个地方怎么样？
E 当然。我们先坐公共汽车，然后换地铁。
F 你的身体好点儿了吗？
真是一个又**聪明**又可爱的孩子。（　　）　答案【C】

<仿>阅读·选择词语完成句子或对话

A 把　B **聪明**　C 放心　D 舒服　E 声音　F 了解
在学习时，努力和（　　）都很重要。　答案【B】

【打算】dǎsuàn ①动 考虑，计划。plan, intend　②名 想法，念头。plan, intention

扩展与搭配 打算去玩儿 dǎsuàn qù wánr　打算看书 dǎsuàn kàn shū
打算当老师 dǎsuàn dāng lǎoshī
有什么打算 yǒu shénme dǎsuàn

<仿>听力·听对话选择正确答案

男：你毕业后准备做什么工作呀？

女：我其实**打算**做老师，可是爸爸、妈妈希望我去公司工作。

问：女的毕业后**打算**做什么？

A 做医生　　B 做老师　　C 去公司工作　　答案【B】

<仿>阅读·选择词语完成句子或对话

A 为了　B 正在　C **打算**　D 爱好　E 筷子　F 同意

A：你周末（　　）去哪儿玩儿呢？

B：去公园怎么样？我们一起去吧。　　答案【C】

A 世界　B 关　C 忽然　D **打算**　E 声音　F 向

毕业以后你有什么（　　）？能说给我听一听吗？　　答案【D】

<仿>阅读·阅读句子选择正确答案

最近他工作一直很忙，每天都很晚才下班回家。过几天就是国庆节了，他**打算**好好儿休息休息，和朋友一起去南方玩儿。

★国庆节时，他**打算**：

A 在家休息　　B 去南方玩儿　　C 一直上班　　答案【B】

小张最近总感觉身体不舒服，但是由于工作忙，一直没时间去医院。他**打算**过段时间，去医院检查检查。

★小张**打算**：

A 休息一段时间　　B 忙工作　　C 去医院检查身体　　答案【C】

【担心】 dān//xīn 动 不放心，害怕某事情发生。worry (about)

扩展与搭配　非常担心 fēicháng dānxīn　　不用担心 búyòng dānxīn

别担心 bié dānxīn　　担心孩子 dānxīn háizi

担心迟到 dānxīn chídào

<仿>阅读·根据句子选择上下文

A 好久不见，你身体好吗？

B 我 8 点前能完成工作。

C 我是中午 12 点的飞机，现在还有 3 个小时。

D 外面刮风了，有点儿冷，你多穿点儿衣服吧，别感冒了。

E 当然。我们先坐公共汽车，然后换地铁。

F 这种药每天吃一次，每次一片。

别**担心**，我穿的衣服不少。（　　）　　答案【D】

<仿>阅读·阅读句子选择正确答案

孩子已经吃了药，病好一点儿了。但妈妈还是**担心**孩子晚上会不舒服，所以一定要在孩子的身边照顾他。

★根据这段话，可以知道妈妈：

A 需要吃药　　B **担心**孩子的身体　　C 身体不舒服　　答案【B】

我和家人春节要去海南旅游，因为**担心**回来的时候买不到飞机票，所以今天我把去和回来的机票都在网上买好了。

★他**担心**：

A 买不到去的机票　　B 不能去海南旅游　　C 回来时买不到机票

答案【C】

【方便】 fāngbiàn 形 便利，适宜。convenient

扩展与搭配

很方便 hěn fāngbiàn　　不方便 bù fāngbiàn

方便的时候 fāngbiàn de shíhou　　交通方便 jiāotōng fāngbiàn

特别方便 tèbié fāngbiàn　　看病方便 kànbìng fāngbiàn

<仿>听力·听句子判断正误

你好，我是王经理的同事，他正在开一个很重要的会议，不**方便**接电话。您留下姓名，会议结束后我让他给您打回去，好吗？

★王经理在接电话。（　　）　　答案【×】

<仿>阅读·根据句子选择上下文

A 我没听说过这件事，你听说过吗？

B 住在这儿，上班有点儿远，而且我也不会开车。

C 这种面包很好吃，买两个吧。

D 我的耳朵最近有点儿不舒服，明天我去医院看看。

E 当然。我们先坐公共汽车，然后换地铁。

F 妈妈还没回来吗？她说马上就到家啊。

这儿附近有地铁站、公共汽车站，去哪儿都**方便**。（　　）　　答案【B】

<仿>阅读 · 选择词语完成句子或对话

A **方便**　B 关于　C 必须　D 爱好　E 表演　F 信用卡

A: 爷爷，您去北京的车票我给您买完了。

B: 是吗？现在网上买票太（　　）了。　答案【A】

A 特别　B 害怕　C **方便**　D 生气　E 声音　F 难

公司附近有地铁站，坐地铁去更（　　）。　答案【C】

<仿>阅读 · 阅读句子选择正确答案

现在，人们差不多都有手机，手机使我们的学习、工作和生活越来越方便。我们用手机打电话、照相、工作。以前我们买东西用现金，现在用手机就可以了，真是**方便**极了。

★根据这段话，可以知道手机：

A 使生活更**方便**　B 有点儿贵　C 不能买东西　答案【A】

【放心】 fàng//xīn 动 安心，不担心。relax, don't worry

扩展与搭配　很放心 hěn fàngxīn　十分放心 shífēn fàngxīn

非常放心 fēicháng fàngxīn　更加放心 gèngjiā fàngxīn

不放心 bú fàngxīn　放不下心 fàng bu xià xīn

放下心来 fàngxià xīn lai　放得下心 fàng de xià xīn

反义词　担心 dānxīn

<仿>听力 · 听句子判断正误

孩子那么小，从没离开过我，没离开过家，你就让她跟着老师和同学去北京，你放得下心吗？

★她不**放心**孩子一个人去北京。（　　）　答案【√】

<仿>阅读 · 根据句子选择上下文

A 有什么吃的吗？我有点儿饿了。

B 请问去北京大学怎么走？

C 你今晚早点儿睡吧，明天上午有 HSK 考试，别迟到。

D 你看到我的手机了吗？

E 我给大家介绍一下，这是我们班的新同学。

放心吧，我一会儿就睡。（　　）　答案【C】

<仿>阅读·选择词语完成句子或对话

A 一定　B **放心**　C 有点儿　D 爱好　E 再　F 一样

A：这是你的护照，现在就放到包里，别忘了。

B：（　　）吧，不能忘。　答案【B】

A 对于　B 需要　C 喜欢　D **放心**　E 声音　F 习惯

A：我觉得经理不会同意我们的计划。

B：（　　），他一定会同意的。　答案【D】

【关心】 guānxīn 动 对人或事物爱惜、重视，经常注意。be concerned about, care about

扩展与搭配　老师的关心 lǎoshī de guānxīn　很关心 hěn guānxīn

互相关心 hùxiāng guānxīn　关心别人 guānxīn biérén

关心孩子的生活 guānxīn háizi de shēnghuó

关心国家大事 guānxīn guójiā dà shì

近义词　关怀 guānhuái

<仿>听力·听对话选择正确答案

男：张经理，我今天身体不舒服，想请假休息一天。

女：小王，你怎么了，感冒了吗？

男：有点儿发烧，头很疼。

女：吃药了吗？你先休息吧，如果很疼，一定要去医院看一看。

问：关于女的，可以知道什么？

A 是一个医生　B 很**关心**小王　C 不让小王请假　答案【B】

<仿>阅读·选择词语完成句子或对话

A **关心**　B 便宜　C 锻炼　D 爱好　E 报纸　F 经常

A：你的身体好些了吗？去医院了吗？

B：去医院了，已经好多了，谢谢您的（　　）。　答案【A】

<仿>阅读·阅读句子选择正确答案

很多年轻人因为工作忙，很少回家和父母一起吃饭。有时候父母身体不好，他们也不知道。其实，父母老了以后，孩子应该多回家看看他们，多了解他们的需要。

★父母需要：

A 孩子的**关心**　B **关心**孩子　C 去医院　答案【A】

【害怕】hài//pà 动 在困难或危险面前心里发慌，情绪不安，感到恐惧。be afraid of

扩展与搭配 害怕极了 hàipà jí le　别害怕 bié hàipà　害怕考试 hàipà kǎoshì　不要害怕 búyào hàipà　不再害怕 bú zài hàipà

近义词 怕 pà

<仿>听力·听句子判断正误

虽然我已经准备了很长时间，但是第一次上课还是有些**害怕**。

★他第一次上课有些**害怕**。(　　)　答案【√】

<仿>书写·用所给词语完成句子

害怕　弟弟　小狗　那只　参考答案：弟弟**害怕**那只小狗。

【坏】huài 形 没有用的，有害的；可以放在一些动词、形容词的后面，表程度深。bad, broken

扩展与搭配 非常坏 fēicháng huài　坏孩子 huài háizi　电脑坏了 diànnǎo huài le　牛奶坏了 niúnǎi huài le　都坏了 dōu huài le　饿坏了 èhuài le

近义词 差 chà

反义词 好 hǎo

<仿>阅读·根据句子选择上下文

A 你看到我的眼镜了吗？
B 我饿**坏**了，饭做好了吗？
C 吃了晚饭就去看电影。
D 小王今天没来上班吗？我怎么没看到他。
E 当然。我们先坐公共汽车，然后换地铁。
F 我们打车去吧。

你先喝点儿牛奶，饭一会儿就好了。(　　)　答案【B】

<仿>阅读·选择词语完成句子或对话

A 换　B **坏**　C 环境　D 爱好　E 刷牙　F 还

A：我能用一下你的电脑吗？我的电脑又(　　)了。
B：你用吧，一会儿我帮你修一下。　答案【B】

A 方便　B **坏**　C 复习　D 刚才　E 声音　F 安静

天热了，水果不放在冰箱里会(　　)的。　答案【B】

<仿>阅读·阅读句子选择正确答案

“十一”放假和朋友去旅游，把我累坏了。人太多了，去每一个地方都要等很长时间，很多时候都是在排队。以后“十一”我可不出去了，就在家好好儿休息。

★他这次旅游：

A 去了很多地方　　B 累**坏**了　　C 花了很长时间　　答案【B】

【记得】 jìde 动 想得起来，没忘掉。remember

扩展与搭配　不记得 bú jìde　还记得 hái jìde　一定记得 yídìng jìde

记得我 jìde wǒ　记得带把伞 jìde dài bǎ sǎn　记得还钱 jìde huán qián

反义词　忘记 wàngjì

<仿>听力·听句子判断正误

你感冒了，有点儿发烧，我给你开的药，每天吃三次，每次吃两片，**记得**多喝水。

★医生让他多喝水。（　　）　　答案【√】

<仿>阅读·根据句子选择上下文

A 这个房子太贵了，别买了。

B 机票买好了，我明天早上7点就出发。

C 我们俩爱好不同。

D 一年不见，他长高了很多。

E 秋天了，天气凉了，多穿件衣服吧。

你一定要**记得**带护照。（　　）　　答案【B】

<仿>阅读·选择词语完成句子或对话

A **记得**　B 咖啡　C 举行　D 爱好　E 电子邮件　F 不但

A：你还（　　）张老师吗？他教过我们口语。

B：当然，我怎么会忘呢？　　答案【A】

A 渴　B **记得**　C 时候　D 爱好　E 关于　F 矮

A：明天是最后一天了，（　　）去图书馆还书。

B：好的，下了课我就去还。　　答案【B】

【简单】 jiǎndān 形（a）容易理解、使用或处理。simple

（b）（能力、经历等）平常、不稀奇（多用于否定式）。ordinary

扩展与搭配 很简单 hěn jiǎndān　考试题简单 kǎoshìtí jiǎndān
简单的问题 jiǎndān de wèntí　写得简单 xiě de jiǎndān
简单介绍 jiǎndān jièshào　真不简单 zhēn bù jiǎndān

<仿>听力·听对话选择正确答案

女：我们都是第一次来贵校参观。
男：那么，我给你们**简单**地介绍一下我们大学吧。
问：男的想要做什么？
A 买东西　B 参观　C 介绍　答案【C】

女：小朋友，你真不**简单**，汉语说得真好！
男：谢谢阿姨，但我还差得远呢。
问：小朋友的汉语说得怎么样？
A 很**简单**　B 一般　C 很好　答案【C】

<仿>阅读·选择词语完成句子或对话

A 特别　B **简单**　C 爱好　D 忘记　E 声音　F 难过
其实问题不像你想的那么难，挺（　　）的。　答案【B】

<仿>书写·用所给词语完成句子

简单　今天　的　考试　比较　参考答案：今天的考试比较**简单**。

<仿>书写·根据拼音写汉字

dān
今天的作业很简（　　），我一会儿就完成了。　答案【单】

【可爱】 kě'ài 形 值得喜爱，令人喜爱。lovely, cute

扩展与搭配 特别可爱 tèbié kě'ài　可爱极了 kě'ài jí le　非常可爱 fēicháng kě'ài
真可爱 zhēn kě'ài　可爱的孩子 kě'ài de háizi
可爱的大熊猫 kě'ài de dà xióngmāo

<仿>听力·听对话选择正确答案

女：电视里的这只大熊猫，眼睛黑黑的，身体胖乎乎的，真**可爱**。
男：你那么喜欢，明天我们去动物园看真的大熊猫吧。
问：女的觉得这只大熊猫怎么样？
A 很**可爱**　B 太胖了　C 太黑了　答案【A】

<仿>阅读·根据句子选择上下文

A 这是谁家的小狗？好**可爱**啊！

B 我去给他买个生日蛋糕。

C 我们明天早上 7:30 出发。

D 路上堵车堵得厉害，我们坐地铁吧。

E 当然。我们先坐公共汽车，然后换地铁。

F 我给他发一个电子邮件。

是我家的，它特别喜欢和我玩儿。（　　）　　答案【A】

A 这条街道上有很多车。

B 明天有听力考试，别迟到。

C 那个女孩和别人在一起时总是快快乐乐的。

D 你最近经常去图书馆吗？

E 当然。我们先坐公共汽车，然后换地铁。

F 如果不舒服就和老师请假吧。

大家都觉得她很**可爱**。（　　）　　答案【C】

<仿>书写·用所给词语完成句子

小猫　那　真　只　**可爱**　　参考答案：那只小猫真**可爱**。

【了解】 liǎojiě 动（a）知道得很清楚。know clearly （b）明白。understand （c）调查，打听。investigate

扩展与搭配　了解她 liǎojiě tā　不了解 bù liǎojiě　多了解些 duō liǎojiě xiē
对中国的了解 duì Zhōngguó de liǎojiě
了解中国文化 liǎojiě Zhōngguó wénhuà　了解情况 liǎojiě qíngkuàng

近义词　知道 zhīdào

<仿>听力·听句子判断正误

除了上课，你们还应该去中国各地旅行，多跟中国人聊天儿，这样可以帮助你们**了解**中国文化。

★旅行也可以**了解**中国文化。（　　）　　答案【√】

<仿>阅读·根据句子选择上下文

A 我和她只见过两次面，不太**了解**她。

B 外面下雨了，房间里有点儿冷。

C 这件衣服我穿着有点儿大。

D 这个城市这些年没有变化。

E 沈阳的春天风特别大。

你觉得张芳怎么样？（　　）　　答案【A】

A 明天是比赛的最后一天。

B 这段时间他对书法很感兴趣。

C 你说这些话，他会不会生气？

D 别一边走路一边玩儿手机。

E 当然。我们先坐公共汽车，然后换地铁。

F 上海的美食我几乎都吃过。

我们一起工作了这么长时间，我**了解**他，不会的。(　　)　　答案【C】

<仿>阅读 · 选择词语完成句子或对话

A 干净　B **了解**　C 季节　D 然后　E 声音　F 一样

你和他要经常一起去散散步，看看电影，聊聊天儿，这样才能(　　)得更多一些。

答案【B】

<仿>书写 · 用所给词语完成句子

我　**了解**　一件　找他　事情　　参考答案：我找他**了解**一件事情。

【满意】 mǎnyì 动 心里感到满足，符合自己的心意。(be) satisfied

扩展与搭配　比较满意 bǐjiào mǎnyì　非常满意 fēicháng mǎnyì

不满意 bù mǎnyì　满意地笑了 mǎnyì de xiào le

感到满意 gǎndào mǎnyì　对……满意 duì…mǎnyì

<仿>听力 · 听句子判断正误

爸爸、妈妈看到小明的成绩单，**满意**地笑了。

★小明的成绩不好。(　　)　　答案【×】

<仿>阅读 · 阅读句子选择正确答案

他觉得这个房子虽然不大，但是阳光很好，周围环境不错，附近地铁站、公共汽车站都有，上班也很近。

★对这个房子，他觉得：

A 很**满意**　B 有点儿贵　C 环境不好　答案【A】

<仿> 书写 · 用所给词语完成句子

老师　他的回答　对　**满意**　非常

参考答案：老师对他的回答非常**满意**。

【明白】 míngbai ①[动]知道，了解。understand
②[形]清楚明确，容易使人了解。clear, easy to understand

扩展与搭配

不明白 bù míngbai	没明白 méi míngbai
明白一些 míngbai yìxiē	才明白 cái míngbai
说得明白 shuō de míngbai	写得明白 xiě de míngbai
弄明白 nòng míngbai	想不明白 xiǎng bu míngbai

近义词　清楚 qīngchu

<仿> 听力 · 听句子判断正误

老师，您能再讲一遍吗？我有点儿没听懂。

★老师讲的他**明白**了。（　　）　答案【×】

<仿> 听力 · 听对话选择正确答案

男：白经理最近为什么总是批评我？我真是想不**明白**。

女：你看看自己，常常迟到，你的工作有几次让经理满意了？

问：白经理为什么批评男的？

A 男的不聪明　B 男的总看自己　C 男的工作没做好　答案【C】

女：我说的话你听懂了吗？

男：对不起，您能说慢一点儿吗？

问：男的是什么意思？

A 听懂了　B 女的说话慢　C 没听**明白**　答案【C】

<仿> 阅读 · 根据句子选择上下文

A 我也不太**明白**，你去问问玛丽吧。

B 我还没做完作业呢，做完作业我就去。

C 明天上午的课很重要，你一定别迟到。

D 我的手机呢？你看到了吗？

E 过几天你打算去哪儿玩儿？

这个句子是什么意思？（　　）　答案【A】

【难】 nán 形 做起来不容易，跟“容易”相对；用在动词前表示使人不满意的地方。difficult

扩展与搭配 太难了 tài nán le　真难 zhēn nán　难题 nán tí
难写 nán xiě　难记 nán jì　难吃 nánchī
难听 nántīng　难看 nánkàn

反义词 简单 jiǎndān / 容易 róngyì

<仿>听力·听句子判断正误

这道题太**难**了，我做了很长时间也没做出来，你帮我看看吧。

★他做出了这道题。(　　)　答案【×】

<仿>听力·听对话选择正确答案

男：小王唱歌太**难**听了，但他还特别爱唱。

女：他很喜欢唱歌，你如果觉得不好听就告诉他吧。

问：男的觉得小王唱得怎么样？

A 唱得不好　B 唱的歌很**难**　C 应该多练习　答案【A】

女：你觉得刚才和你见面的女孩怎么样？

男：不好说，因为我和她只见了一面，聊天儿的时间也很短。

问：男的认为女孩怎么样？

A 很好　B 不满意　C 很**难**回答　答案【C】

<仿>阅读·选择词语完成句子或对话

A 旁边　B 对　C **难**　D 特别　E 声音　F 高兴

中国有句老话，叫“有借有还，再借不(　　)”，意思是，借别人的东西用完了要还，下次再借就容易了。　答案【C】

<仿>阅读·阅读句子选择正确答案

现在差不多每个人都有手机，买东西时用手机支付非常方便。很多老人买东西的时候，也会用微信支付，对他们来说，微信支付已经不是一件**难**事了。

★很多老人觉得买东西用手机支付：

A 很不方便　B 不是**难**事　C 不安全　答案【B】

【难过】 nánguò 形 不好受，心里不高兴。sorry, sad

扩展与搭配 很难过 hěn nánguò　难过极了 nánguò jí le
心里难过 xīnli nánguò　不难过 bù nánguò

别难过 bié nánguò　　难过的样子 nánguò de yàngzi
难过地说 nánguò de shuō

近义词　难受 nánshòu

<仿>听力·听句子判断正误

听说自己没有通过HSK三级考试，罗兰哭了起来。

★罗兰没通过考试很**难过**。(　　)　答案【√】

我最爱的和最爱我的奶奶生病住院了，我心里特别**难过**，哭了好几次。

★奶奶病了，我非常**难过**。(　　)　答案【√】

玛丽的小猫丢了，她每天一放学就去小区里找，找了三天也没找到。她哭了三天，连饭也吃不好，妈妈很担心。

★玛丽因为小猫丢了很**难过**。(　　)　答案【√】

这次考试没考好，玛丽一直不高兴，她觉得她可以考得更好。

★玛丽很**难过**。(　　)　答案【√】

<仿>阅读·选择词语完成句子或对话

A 高兴　B 热情　C **难过**　D 参观　E 声音　F 累

一想到明天就要回国了，飞龙的心里就有些舍不得。离开中国，离开老师、同学们，他有点儿(　　)。

答案【C】

【努力】 nǔlì 形 花的精力多，下的功夫大。hard-working, studious

扩展与搭配　很努力 hěn nǔlì　不太努力 bú tài nǔlì　特别努力 tèbié nǔlì
开始努力 kāishǐ nǔlì　努力学习 nǔlì xuéxí　努力工作 nǔlì gōngzuò
学习努力 xuéxí nǔlì

<仿>听力·听句子判断正误

前几天听到了一句话，说“今天工作不**努力**，明天**努力**找工作”，我觉得说得特别对。

★这句话告诉我们要**努力**工作。(　　)　答案【√】

<仿>阅读·选择词语完成句子或对话

A 公园　B 只　C 年轻　D 爱好　E **努力**　F 个子

A：如果你的成绩提高了，暑假妈妈就带你去杭州旅行。

B：真的吗？那我一定（　　）学习。　答案【E】

<仿>书写·用所给词语完成句子

汉语　**努力**　他　学习　参考答案：他**努力**学习汉语。

努力　学习　都很　我们班的　学生　参考答案：我们班的学生学习都很**努力**。

【奇怪】qíguài 形 和平常不同，想不到的，不容易理解。strange

扩展与搭配

很奇怪 hěn qíguài　感到奇怪 gǎndào qíguài

真奇怪 zhēn qíguài　奇怪的天气 qíguài de tiānqì

奇怪的地方 qíguài de dìfang　奇怪的话 qíguài de huà

奇怪地看 qíguài de kàn

<仿>听力·听句子判断正误

出门的时候，我记得很清楚把护照放在包里了，但是到机场才发现，我的包里没有护照。我的护照在哪儿呢？

★他觉得很**奇怪**。（　　）　答案【√】

<仿>阅读·根据句子选择上下文

A 怎么不见了？真**奇怪**！妈妈帮我收起来了？

B 我先去图书馆。

C 学校旁边有一个超市，去那儿看看吧。

D 你觉得这个新空调怎么样？

E 当然。我们先坐公共汽车，然后换地铁。

F 你多久没回国了？

我记得把手机放在桌子上了。（　　）　答案【A】

<仿>阅读·选择词语完成句子或对话

A 好听　B 经验　C 难过　D 举办　E 声音　F **奇怪**

（　　）！每天他都是第一个到教室的，今天怎么迟到了呢？　答案【F】

<仿>阅读·阅读句子选择正确答案

今天的天气怎么了？刚才阳光还非常好呢，现在却开始下雨了，还越下越大。我都没带伞，怎么回家啊？

★根据这段话，可以知道说话人觉得：

A 天气很**奇怪**　　B 今天会下雨　　C 阳光不好　　答案【A】

【清楚】 qīngchu 形 事物容易让人了解，不混乱。clear

扩展与搭配　不清楚 bù qīngchu　　事情很清楚 shìqing hěn qīngchu
清楚极了 qīngchu jí le　　说话清楚 shuōhuà qīngchu
了解清楚 liǎojiě qīngchu　　清楚地了解 qīngchu de liǎojiě
看清楚 kàn qīngchu　　听不清楚 tīng bu qīngchu
清楚得很 qīngchu de hěn

近义词　明白 míngbai

<仿>阅读·根据句子选择上下文

A 这个时间地铁上会有很多人，等一会儿再走吧。
B 老师，我有一个不太**清楚**的地方。
C 请问，您喝咖啡还是茶？
D 别玩儿手机了，早点儿睡吧，明天还得上班呢。
E 当然。我们先坐公共汽车，然后换地铁。
F 每天图书馆里人都很多，去晚了就没有地方了。
昨天讲的那些句子，你们听懂了吗？（　　）　　答案【B】

<仿>阅读·阅读句子选择正确答案

有一些人买房子，喜欢买楼层高一点儿的，他们认为这样可以看得更远，也能看得更**清楚**。

★根据这段话，可以知道买楼层高的人认为：

A 有点儿贵　　B 看得更**清楚**　　C 有点儿远　　答案【B】

讲一件事情给别人听的时候，要说**清楚**什么时间、在哪儿、有什么样的事情，这样，听的人才能明白你说了什么。

★根据这段话，可以知道：

A 别人让你讲一件事情　　B 别人不懂你说的话　　C 说事情要说**清楚**　　答案【C】

【热情】 rèqíng 形 对人、对事有热烈的感情。warm-hearted, enthusiastic

扩展与搭配　很热情 hěn rèqíng　　特别热情 tèbié rèqíng
热情的朋友 rèqíng de péngyou　　热情的主人 rèqíng de zhǔrén
不热情 bú rèqíng　　对人热情 duì rén rèqíng

<仿>听力·听句子判断正误

我去朋友家做客，她又是给我拿水果，又是让我喝茶，最后还请我在她家里吃了晚饭。

★他的朋友很**热情**。（　　）　　答案【√】

<仿>听力·听对话选择正确答案

男：刚才和你说话的那个人是谁啊？

女：我不认识她。

男：看她那么**热情**，我以为是你朋友呢。

女：哪儿啊，她让我去她们的超市买东西，说可以送礼物。

男：是这样啊。

问：男的认为那个人怎么样？

A 很认真　　B 很**热情**　　C 很漂亮　　答案【B】

<仿>阅读·阅读句子选择正确答案

她在这个城市生活了两年，已经喜欢上这儿了。这个城市不大，有山有水，环境很不错。这儿的人也很好，如果你需要帮忙，他们都会**热情**地帮助你。

★关于这个城市，可以知道：

A 人很多　　B 很大　　C 人很**热情**　　答案【C】

【认为】 rènwéi 动 对人或事物作出判断、产生看法。think, deem

扩展与搭配　老师认为 lǎoshī rènwéi　　不这样认为 bú zhèyàng rènwéi
认为正确 rènwéi zhèngquè　　大家都认为 dàjiā dōu rènwéi

<仿>听力·听句子判断正误

我在网上看见了一件衣服，和我前天买的那件一样，但是网上的要便宜很多，以后我也在网上买。

★他**认为**他买的衣服有点儿贵。（　　）　　答案【√】

这个房子虽然房租贵了点儿，但是离我们学校很近，周围环境也很好，交通还很方便，附近地铁站、公共汽车站都有。

★他**认为**这个房子不错。（　　）　　答案【√】

<仿>阅读·选择词语完成句子或对话

A 成绩　　B **认为**　　C 看见　　D 运动　　E 声音　　F 被

王明说毕业后就去找工作，他不想再花父母的钱了。他（　　）自己已经长大了，不应该让父母太累了。　答案【B】

<仿>书写·用所给词语完成句子

迈克**认为**　她　说得　不错　汉语　　参考答案：迈克**认为**她汉语说得不错。

【认真】 rènzhēn 形 做事情不马虎。serious, earnest

扩展与搭配　很认真 hěn rènzhēn　不认真 bú rènzhēn　学习认真 xuéxí rènzhēn　工作认真 gōngzuò rènzhēn　认真地做作业 rènzhēn de zuò zuòyè

<仿>听力·听句子判断正误

王强，你看看你的作业，写完第五题，就写第七题，第六题怎么没写？每次写作业都这样，这可不行啊！

★王强做作业不**认真**。（　　）　答案【√】

<仿>阅读·阅读句子选择正确答案

哥哥工作一直很**认真**，所以公司有一些重要工作的时候，经理都会让他去做，每次哥哥都会很努力地把工作做好。

★根据这段话，可以知道哥哥工作：

A 很**认真**　B 很重要　C 很忙　答案【A】

<仿>书写·根据拼音写汉字

rèn
他学习特别（　　）真，考试成绩每次都特别好。　答案【认】

【容易】 róngyì 形 做起事来不难，不费事；发生某种变化的可能性大。easy

扩展与搭配　不容易 bù róngyì　很容易 hěn róngyì　特别容易 tèbié róngyì　容易一些 róngyì yìxiē　容易生病 róngyì shēngbìng　容易变坏 róngyì biàn huài

<仿>阅读·根据句子选择上下文

A 他不想朋友陪他去参加面试，他想自己去。

B 现在坐地铁人会比较多，等一会儿吧。

C 我下楼散步，你去吗？

D 很**容易**的，你看，这样就可以了。

E 当然。我们先坐公共汽车，然后换地铁。

F 门口那只小狗是谁的？

怎么用微信买东西，我不会啊，你能教我吗？（ ） 答案【D】

<仿>阅读·选择词语完成句子或对话

A **容易** B 难过 C 对 D 提高 E 声音 F 选择

有些事情说起来（ ），做起来却很难。 答案【A】

【生气】 shēng//qì 动 不开心，不高兴。get angry

扩展与搭配 很生气 hěn shēngqì 特别生气 tèbié shēngqì 不生气 bù shēngqì 没生气 méi shēngqì 真生气 zhēn shēngqì 生气地说 shēngqì de shuō 生了很大的气 shēngle hěn dà de qì 生他的气 shēng tā de qì

反义词 开心 kāixīn

<仿>阅读·根据句子选择上下文

A 你的手机真好看。

B 下周我休息，咱们去北京旅游啊。

C 说好了三点见面，你三点半才到。

D 今天的作业太多了，得两个小时才能写完。

E 当然。我们先坐公共汽车，然后换地铁。

F 房间里这么黑，灯坏了吗？

别**生气**了，我下次不迟到了。（ ） 答案【C】

<仿>阅读·阅读句子选择正确答案

上个月朋友来找我，说他有事情需要钱，让我借给他一万块钱，还说过几天就还给我。现在一个月过去了，他还没还给我。我给他打电话，他也不接。我怎么会有这样的朋友！

★根据这段话，可以知道什么？

A “我”非常**生气** B “我”很有钱 C 朋友还“我”钱了 答案【A】

<仿>书写·根据拼音写汉字

qì

事情已经过去很长时间了，但是父母还在**生**他的（ ）。 答案【**气**】

【试】 shì 动 (a) 试验，尝试。try (b) 考试。test

扩展与搭配 试一试 shì yi shì 试一下 shì yíxià 没试 méi shì 试着 shìzhe 面试 miànshì 口试 kǒushì 笔试 bǐshì

<仿>阅读·根据句子选择上下文

A 对不起，我忘了你的名字。

B 这么晚才回来，有什么事吗？

C 我已经好久没看见他了。

D 有些事情要自己做，不能总让别人帮忙。

E 800多块，太贵了！

这双鞋看着还不错，要不要**试一试**？（　　） 答案【E】

<仿>阅读·选择词语完成句子或对话

A 接　B 伞　C **试**　D 爱好　E 忘记　F 愿意

A：同学们要不要先自己（　　）着读一遍？

B：老师，读起来有点儿难，您先读一遍吧。 答案【C】

A 其实　B 解决　C **试**　D 爱好　E 骑车　F 画

A：洗澡水准备好了吗？孩子小，水可别太热了。

B：我（　　）过了，水不热。 答案【C】

【舒服】 shūfu 形 身体上或精神上感到轻松愉快。comfortable

扩展与搭配 很舒服 hěn shūfu　特别舒服 tèbié shūfu　舒服极了 shūfu jí le
感到舒服 gǎndào shūfu　心里不舒服 xīnli bù shūfu
舒服地坐着 shūfu de zuòzhe

<仿>听力·听句子判断正误

考试终于结束了，一连考了三天，复习了半个月，累死了，我现在要**舒服**地洗个澡，然后和朋友去看个电影。

★他洗澡后觉得很**舒服**。（　　） 答案【×】

玛丽，你要是不**舒服**的话，就回宿舍休息吧。别担心今天的课，明天老师会给你再讲一遍。

★老师让玛丽回去休息。（　　） 答案【√】

<仿>阅读·根据句子选择上下文

A 今天的比赛你参加了吗？

B 房间里有点儿冷，把空调打开吧。

C 今天怎么没看到田芳，她来了吗？

D 今天可能有雨，带着伞吧。
E 当然。我们先坐公共汽车，然后换地铁。
F 最近有点儿忙，过几天就好了。
她有点儿不**舒服**，今天没来上课。（　　）　　答案【C】

<仿>阅读·选择词语完成句子或对话

A 表演　B 感冒　C 难过　D **舒服**　E 声音　F 把
这件衣服有点儿瘦，穿在身上很不（　　）。　　答案【D】

<仿>阅读·阅读句子选择正确答案

这几天一直下雨，今天终于不下了。太阳出来了，在阳光下和朋友一起散步，真是**舒服**极了。

★关于这段话，可以知道：
A 今天下雨了　B 他感觉很**舒服**　C 他今天很忙　　答案【B】

【疼】 téng ①形 病、伤等引起的身体上的极不舒服的感觉，痛。painful
②动 心疼，疼爱。love dearly

扩展与搭配　很疼 hěn téng　觉得疼 juéde téng
非常疼 fēicháng téng　脚疼 jiǎo téng
特别疼 tèbié téng　疼极了 téngjí le
妈妈很疼孩子 māma hěn téng háizi

近义词　痛 tòng

<仿>听力·听对话选择正确答案

男：快点儿走，还差5分钟就上课了，我们别迟到了。
女：新买的鞋穿着不舒服，我脚**疼**，走不快。
问：女的为什么不能快走？
A 发烧了　B 身体不舒服　C 脚**疼**　　答案【C】

<仿>阅读·根据句子选择上下文

A 这是我们这儿最好喝的啤酒，你喝一杯吧。
B 你一定是很长时间没运动了。
C 我昨天才知道他的女朋友是我同事。
D 假期你想去哪儿？有什么打算吗？
E 当然。我们先坐公共汽车，然后换地铁。
F 快迟到了，我们打车去吧。

我昨天和朋友一起去爬山了，今天早上觉得腿特别**疼**。(　　) 答案【B】

<仿>阅读 · 选择词语完成句子或对话

A 请假　B **疼**　C 词典　D 爱好　E 地方　F 动物

A：吃药了吗？现在感觉怎么样？

B：头还是有点儿（　　）。 答案【B】

<仿>阅读 · 阅读句子选择正确答案

昨天很冷，我穿的衣服不多，下班到家后我就觉得身上很不舒服，头很**疼**，好像有点儿发烧。吃了药，喝了一大杯热水，好像头不那么**疼**了。

★根据这段话，可以知道他：

A 穿了很多衣服　B 头**疼**　C 上班时很不舒服 答案【B】

【甜】 tián 形 像糖一样的味道。sweet

扩展与搭配　不甜 bù tián　太甜了 tài tián le　甜得很 tián de hěn　甜食 tiánshí　甜品 tiánpǐn　有点儿甜 yǒu diǎnr tián

<仿>听力 · 听句子判断正误

这种糖太**甜**了，吃多了对牙齿不好，我们吃水果吧，好吗？

★水果很**甜**。(　　) 答案【×】

我看电视上说，"农夫山泉有点儿**甜**"，开始不懂，后来才知道，那是一种水的广告，意思是这种水好喝。

★电视上说，农夫山泉很好喝。(　　) 答案【√】

<仿>听力 · 听对话选择正确答案

女：这个蛋糕好吃吗？

男：不是很**甜**，但是很好吃。

问：男的觉得蛋糕怎么样？

A 不好吃　B 不太**甜**　C 不新鲜了 答案【B】

<仿>阅读 · 阅读句子选择正确答案

晚上吃了太多**甜**的东西，会牙疼的。你一定要吃的话，吃完必须要刷牙。如果不听我的话，下次我就不让你在睡觉前吃东西了。

★根据这段话，可以知道：

A 睡觉前不能吃东西　　B 吃太多**甜**的会牙疼　　C 睡前可以吃不**甜**的东西

答案【B】

<仿>书写·根据拼音写汉字

tián

这个菜太（　　）了，他可能不喜欢吃，还是换一个吧。　　答案【**甜**】

【同意】 tóngyì 动 对某种主张表示相同的意见，准许。agree

扩展与搭配　不同意 bù tóngyì　　一定同意 yídìng tóngyì　　还没同意 hái méi tóngyì

同意去 tóngyì qù　　同意结婚 tóngyì jiéhūn　　同不同意 tóng bu tóngyì

反义词　反对 fǎnduì

<仿>听力·听句子判断正误

妹妹找了一个男朋友，比她小 5 岁，爸爸、妈妈和我都不**同意**，一年后，妹妹还是和他结婚了。

★我们都**同意**妹妹和那个男的结婚。（　　）　　答案【×】

<仿>听力·听对话选择正确答案

男：明天我想去看电影，听说这个电影不错，咱俩一起去吧。

女：这两天要考试了，我妈妈不让我出去玩儿，让我在家好好儿复习。

问：关于女的，可以知道什么？

A 出去玩儿了　　B 妈妈不**同意**她看电影　　C 他们俩要去看电影

答案【B】

<仿>阅读·根据句子选择上下文

A 老师在办公室呢，你去找他吧。

B 这个宾馆挺好的，干净还便宜。

C 我的工作都做完了，他应该会**同意**的。

D 小李，你们班谁汉语学得最好？

E 当然。我们先坐公共汽车，然后换地铁。

F 你帮我把筷子和碗放到桌子上去吧。

你和经理请假了吗？他不会不**同意**你去吧。（　　）　　答案【C】

<仿>阅读·选择词语完成句子或对话

A 虽然　B **同意**　C 有名　D 信用卡　E 声音　F 结婚

放心吧，妈妈一定会（　　）你去中国留学的。　　答案【B】

【忘记】 wàngjì 动 应该做的或原来准备做的事情没有做，不记得。forget

扩展与搭配 忘记时间 wàngjì shíjiān　忘记历史 wàngjì lìshǐ　忘记过去 wàngjì guòqù
没有忘记 méiyǒu wàngjì　完全忘记 wánquán wàngjì
忘记关灯 wàngjì guān dēng　容易忘记 róngyì wàngjì

近义词 忘 wàng

反义词 记得 jìde

<仿>阅读·选择词语完成句子或对话

A 拿　B **忘记**　C 地铁　D 提高　E 声音　F 盘子

你下班的时候别（　　）关电脑。　答案【B】

A 节目　B 故事　C 其实　D 爱好　E **忘记**　F 筷子

A：你的学生证呢？用学生证买门票可以便宜很多。

B：啊，我（　　）带了。　答案【E】

<仿>阅读·阅读句子选择正确答案

学过的东西，如果不经常复习，过几天就会**忘记**。所以，为了记住学过的东西，复习非常重要。

★如果不复习：

A 就不能考试　B 就会**忘记**学过的东西　C 也会学得很好　答案【B】

【习惯】 xíguàn ①动 对新情况的慢慢适应。be used to
②名 在长时间里慢慢养成的、短时间不能改变的行为。habit

扩展与搭配 不习惯 bù xíguàn　已经习惯 yǐjīng xíguàn　习惯了 xíguàn le
习惯中国的气候 xíguàn Zhōngguó de qìhòu
好习惯 hǎo xíguàn　坏习惯 huài xíguàn
学习习惯 xuéxí xíguàn　生活习惯 shēnghuó xíguàn

<仿>听力·听句子判断正误

长时间在太阳下或者公共汽车上看书，对眼睛不好。一边走路一边看书，也不是好**习惯**。

★边走路边看书是坏**习惯**。（　　）　答案【√】

我在中国学习、生活了五年，学汉语，了解中国文化。而且和中国人一样，我也有了早睡早起的好**习惯**。

★早睡早起是好**习惯**。(　　)　　答案【√】

<仿>阅读 · 根据句子选择上下文

A 有不清楚的地方，大家可以问我。

B 这段时间北京的街道特别干净。

C 我要一瓶矿泉水，再要一个面包。

D 是啊，我已经告诉他很多次了，但没用。

E 当然。我们先坐公共汽车，然后换地铁。

F 有什么需要帮忙的吗？

走路的时候玩儿手机，这个**习惯**可不好。(　　)　　答案【D】

<仿>阅读 · 选择词语完成句子或对话

A 刮风　B **习惯**　C 一样　D 爱好　E 为　F 参加

A：沈阳的冬天很冷，但是下雪的时候，校园里特别美。

B：是吗？我还没看过雪呢！我想我会慢慢(　　)这儿的生活。　　答案【B】

<仿>阅读 · 阅读句子选择正确答案

玛丽来中国三个多月了，差不多已经**习惯**了这儿的生活。她觉得中国有很多好吃的东西，有很多好玩儿的地方，更重要的是中国人特别热情。

★根据这段话，可以知道：

A 玛丽已经**习惯**了中国的生活　B 玛丽还不**习惯**中国的生活　C 玛丽刚刚来中国

答案【A】

【相信】 xiāngxìn 动 认为正确，不怀疑。believe, trust

扩展与搭配

不相信 bù xiāngxìn	相信别人 xiāngxìn biérén
很难相信 hěn nán xiāngxìn	相信他 xiāngxìn tā
会相信 huì xiāngxìn	相信朋友 xiāngxìn péngyou

<仿>听力 · 听句子判断正误

爸爸、妈妈对孩子说过的话，答应的事情，就要去做。如果只说不做，孩子就再也不会**相信**你了。

★这句话告诉我们答应孩子的事情就要去做。(　　)　　答案【√】

<仿>阅读 · 根据句子选择上下文

A 你买这个空调花了多少钱？

B 我发现他最近总不上课，他怎么了？

C 这么多工作都让他们做？太难了吧？

D 太好看了，我以前没见过这种花。

E 当然。我们先坐公共汽车，然后换地铁。

F 我还以为你今天请假了呢。

没关系，我**相信**他们会完成的。(　　)　　答案【C】

A 那么贵啊！去年也就 80 多万。

B 这么快就要回国了？什么时候还来呢？

C 你一会儿把碗、筷子洗一洗吧。

D 不远，就在学校旁边。

E 你这条裤子有点儿瘦，是不是？

你**相信**吗？现在要买这个房子得 100 多万呢。(　　)　　答案【A】

<仿>阅读·选择词语完成句子或对话

A 一共　B 锻炼　C 关于　D 爱好　E **相信**　F 出现

A：小李向我借钱，他说过几天就还，但是都一个多月了，他也没还。

B：上次他和我借钱也是这样说的，我不会再（　　）他了。　　答案【E】

【像】 xiàng ①动 两个人或东西看起来相同或有相同的地方。be like, resemble

②副 好像。seemingly, as if

扩展与搭配　很像 hěn xiàng　不像 bú xiàng　有点儿像 yǒu diǎnr xiàng

不太像 bú tài xiàng　像要下雨了 xiàng yào xià yǔ le

<仿>阅读·选择词语完成句子或对话

A 作业　B 解决　C 一直　D **像**　E 声音　F 礼物

这件衣服和你的那件很（　　）。　　答案【D】

A 杯　B 一般　C 把　D 爱好　E **像**　F 护照

A：你看，天（　　）要下雨了，我们带把伞吧。

B：好，我放在包里了。　　答案【E】

<仿>阅读·阅读句子选择正确答案

老张 60 多岁了，但是大家都觉得他很年轻。他说他每天都坚持锻炼一个多小时，跑步、打球、游泳，还经常去图书馆看书。一有时间就和爱人去旅行。

★根据这段话，可以知道老张：

A 工作很忙　　B 不**像** 60 岁的人　　C 在图书馆工作　　答案【B】

小王已经有一个儿子了，上个月她又生了一个女儿。女儿和她儿子一样，都是眼睛**像**妈妈，鼻子和嘴**像**爸爸。他们一家四口每次出去，大家都说一看就是一家人。

★关于这段话，可以知道什么？

A 儿子和女儿很**像**　　B 女儿的眼睛**像**爸爸　　C 女儿很胖　　答案【A】

<仿>书写 · 用所给词语完成句子

一点儿　她和哥哥　不**像**　也　长得　　参考答案：她和哥哥长得一点儿也不**像**。

【小心】 xiǎoxīn ① 形 谨慎。careful ② 动 注意，留神。watch out

扩展与搭配　很小心 hěn xiǎoxīn　小心点儿 xiǎoxīn diǎnr

做事很小心 zuòshì hěn xiǎoxīn

小心感冒 xiǎoxīn gǎnmào　小心车 xiǎoxīn chē

一不小心 yí bù xiǎoxīn

<仿>阅读 · 选择词语完成句子或对话

A 不但　B 忙　C **小心**　D 愿意　E 声音　F 被

这两天有点儿冷，你多穿点儿衣服吧，（　　）别感冒！　　答案【C】

A 段　B 多么　C 除了　D 爱好　E **小心**　F 环境

A：妈，外面下雪了，您出去的时候一定要（　　）啊！

B：好的，我会注意的，你放心吧。　　答案【E】

<仿>阅读 · 阅读句子选择正确答案

有孩子在旁边的时候，妈妈做事情都会很注意。要是手里拿着一杯热水，她会很**小心**地把杯子放在厨房的桌子上。

★家里有孩子时，妈妈会：

A 觉得很累　　B 觉得很开心　　C 变得很**小心**　　答案【C】

【愿意】 yuànyì 动 认为和自己心里想的一样而同意（做某事）。be willing (to do something)

扩展与搭配　愿意听 yuànyì tīng　愿意读 yuànyì dú　愿意去 yuànyì qù

愿意说话 yuànyì shuōhuà　不愿意 bú yuànyì　很愿意 hěn yuànyì

愿意当老师 yuànyì dāng lǎoshī

<仿>听力·听句子判断正误

现在的年轻人，都不**愿意**早结婚。很多人过了30岁了，还不找男女朋友，他们自己不着急，父母却很着急。

★现在的年轻人不**愿意**结婚。（　　）　　答案【×】

<仿>阅读·根据句子选择上下文

A 今天下午可能下雨，你带一把伞吧。

B 我能用你的手机打电话吗？

C 我最近很忙，没有时间。

D 是啊，大家都习惯安静地看手机。

E 当然。我们先坐公共汽车，然后换地铁。

F 不着急，明天给他就行。

人们在坐地铁的时候，不**愿意**和别人说话。（　　）　　答案【D】

A 我和她只见过一次面。

B 校园环境很不错，又安静又漂亮。

C 他今天又没来上班，我们下班去看看他吧。

D 昨天的电影怎么样？如果好看，我也想去看看。

E 马克，你**愿意**参加这个比赛吗？

不好意思，我最近有一个很重要的考试，没有时间参加。（　　）　　答案【E】

<仿>阅读·选择词语完成句子或对话

A 总是　B 为了　C **愿意**　D 爱好　E 中间　F 年轻

A：现在很多老年人不（　　）帮助儿女照顾孩子。

B：其实应该这样，儿女们就应该自己照顾孩子，老人也需要有自己的生活。

答案【C】

【着急】 zháo//jí 形 想快一点儿做某事。worried, anxious

扩展与搭配　别着急 bié zháojí　很着急 hěn zháojí　不着急 bù zháojí　太着急了 tài zháojí le　着什么急 zháo shénme jí

<仿>听力·听对话选择正确答案

男：我们什么时候走？别晚了。

女：3点半的火车，现在才1点多。

问：女的是什么意思？

A 太远了　　B 不用**着急**　　C 要晚了　　答案【B】

女：你还要再做一会儿吗？

男：我还得半个小时才能做完。你要是**着急**，就先回家吧。

女：今天家里有客人，我不等你了，先走了。

男：好的，明天见。

问：女的怎么了？

A 还要再做一会儿　　B 想等男的一起走　　C **着急**回家　　答案【C】

<仿>阅读 · 根据句子选择上下文

A 下午教室里没有人，我就在那儿学习了。

B 别**着急**，我看还是坐地铁吧，这样能更快些。

C 你一会儿要开车，不能喝酒。

D 有不懂的地方就问我。

E 当然。我们先坐公共汽车，然后换地铁。

F 早点儿睡吧，明天还得上课呢。

我们打车吧，我第一天上班可不能迟到！（　　）　　答案【B】

2 个体

【**爱好**】àihào ① 名 对某种事物具有的很大的兴趣。hobby
② 动 对某种事物有很大的兴趣并积极参加活动。like, be fond of something

扩展与搭配 一种爱好 yì zhǒng àihào　相同的爱好 xiāngtóng de àihào
爱好很多 àihào hěn duō
爱好数学 àihào shùxué　爱好游泳 àihào yóuyǒng
爱好读书 àihào dúshū　爱好唱歌 àihào chàng gē

近义词 喜欢 xǐhuan

<仿>听力·听句子判断正误

我儿子从小就**爱好**读书，当别的小朋友都在外面踢足球，几乎忘了回家吃饭的时候，他总是在房间里看历史故事。

★儿子小时候喜欢看书。（　　）　答案【√】

<仿>阅读·根据句子选择上下文

A 我先去图书馆还书，然后去宿舍找你。
B 外面天很黑，可能会下雨吧。
C 小芳是我的大学同学，毕业后去了国外教汉语。
D 我小时候特别喜欢邮票，现在也是一样。
E 明天我去西安开会。

除了唱歌，你还有什么**爱好**？（　　）　答案【D】

<仿>阅读·阅读句子选择正确答案

她和他有一个相同的**爱好**，那就是喜欢旅游。他们俩就是在法国旅行时认识的，结婚后每年假期他们都会去一个国家看名胜古迹。

★根据这段话，可以知道他们俩：

A 在法国　B 喜欢旅游　C 是同事　答案【B】

<仿>阅读·根据句子选择上下文

A 他就是我刚才在电梯上遇到的那个人。

B 我吃过他做的菜，很好吃。

C 别想家，慢慢你就习惯了。

D 明天我们去买一个吧，你喜欢哪个牌子的？

E 当然。我们先坐公共汽车，然后**换**地铁。

F 他打算去中国留学一年。

我的电脑太旧了，工作的时候很不方便，我想**换**一个新的。（　　）　　答案【D】

<仿>阅读·阅读句子选择正确答案

A 骑　　B 比较　　C 应该　　D 爱好　　E **换**　　F 最后

A：我们要去见那家公司的经理，你怎么穿这件衣服？

B：您等我一下，我马上回去（　　）一件西服。　　答案【E】

<仿>书写·用所给词语完成句子

请　**换**　把　鞋　一下　　参考答案：请把鞋**换**一下。

【机会】 jīhuì 名 正好的时候。chance, opportunity

扩展与搭配　好机会 hǎo jīhuì　没有机会 méiyǒu jīhuì　抓住机会 zhuāzhù jīhuì　错过机会 cuòguò jīhuì　机会多 jīhuì duō　机会不错 jīhuì búcuò

<仿>听力·听句子判断正误

聪明人不会错过任何一个**机会**，因为他们知道，有时候**机会**只有一次。

★聪明人知道**机会**很多。（　　）　　答案【×】

现在年轻人大学毕业后，都愿意去大城市工作，比如北京、上海、广州、深圳，他们说那里工作**机会**多。

★年轻人觉得大城市工作**机会**多。（　　）　　答案【√】

<仿>听力·听对话选择正确答案

女：你为什么一定要去上海工作呢，离家那么远，房价又那么高。

男：因为上海的工作**机会**多啊，年轻人应该多出去锻炼锻炼。

问：男的觉得上海怎么样？

A 离家太远　　B 房价很贵　　C **机会**很多　　答案【C】

<仿>阅读 · 选择词语完成句子或对话

A 段　　B 有名　　C **机会**　　D 爱好　　E 特别　　F 香蕉

A：这是一个学习的好（　　）啊！你应该去参加这个会。

B：那好，我去参加，向别人学习。　　答案【C】

【脚】 jiǎo 名 人或动物腿的下部，接触地面、支持身体的部分。foot

扩展与搭配　一双脚 yì shuāng jiǎo　　一只脚 yì zhī jiǎo

大脚 dà jiǎo　　脚疼 jiǎo téng

<仿>听力 · 听对话选择正确答案

男：你的**脚**好点儿了吗？要是还疼，我们就不出去了。

女：还没好呢，我们就在家看电视吧。

问：女的为什么不出去？

A **脚**还疼　　B 喜欢看电视　　C 不想出去　　答案【A】

<仿>阅读 · 选择词语完成句子或对话

A 花　　B 书　　C 起来　　D 爱好　　E **脚**　　F 游戏

A：好久不见，你也来买鞋吗？

B：是啊，孩子的（　　）长得太快，春天买的鞋又小了。　　答案【E】

<仿>阅读 · 阅读句子选择正确答案

今天迈克迟到了，他跑进教室时已经上课了。下课后大家看见迈克都大笑起来，原来他一只**脚**穿了皮鞋，一只**脚**穿了球鞋。

★大家为什么笑迈克？

A 他迟到了　　B 他的鞋很漂亮　　C 他穿错鞋了　　答案【C】

<仿>书写 · 用所给词语完成句子

脚　得　孩子　很快　长　的　　参考答案：孩子的**脚**长得很快。

【解决】 jiějué 动 处理问题。solve

扩展与搭配　解决问题 jiějué wèntí　　不能解决 bù néng jiějué　　解决得好 jiějué de hǎo

解决困难 jiějué kùnnán　　帮助解决 bāngzhù jiějué　　解决的办法 jiějué de bànfǎ

<仿>听力 · 听对话选择正确答案

女：时间不多了，我应该怎么办啊？

男：别着急，我帮你想办法。

问：男的是什么意思？

A 没有办法　　B 很难**解决**　　C 想**解决**办法　　答案【C】

<仿>阅读·根据句子选择上下文

A 他们家最近事情一件接着一件，这是怎么了？

B 我等了半个小时了。

C 我太困了，想早点儿睡。

D 我在图书馆借的那本书你看见了吗？

E 当然。我们先坐公共汽车，然后换地铁。

F 我还没吃过这么好吃的菜呢。

是啊，一个问题刚**解决**，没想到新的问题又来了。(　　)　　答案【A】

<仿>阅读·选择词语完成句子或对话

A 附近　B 相同　C 以为　D 一样　E 声音　F **解决**

虽然父母会帮助我（　　）问题，但是他们还是想让我自己得到锻炼。答案【F】

<仿>阅读·阅读句子选择正确答案

当我在工作和学习中遇到问题的时候，朋友和家人都会帮助我，有了他们的帮助，我感到生活很快乐。

★他遇到问题时，朋友和家人：

A 不快乐　　B 让他自己**解决**　　C 帮他**解决**问题　　答案【C】

【借】 jiè 动（a）暂时使用别人的物品或金钱，借进。borrow

（b）把物品或钱暂时给别人使用，借出。lend

扩展与搭配　借书 jiè shū　借钱 jiè qián　借车 jiè chē

有借有还 yǒu jiè yǒu huán　借教室 jiè jiàoshì

借出去 jiè chuqu　借给你 jiè gěi nǐ

<仿>听力·听对话选择正确答案

男：下周我们要去旅游，你去跟同事**借**一下照相机吧。

女：现在手机照相那么方便，谁还用照相机啊？

问：女的什么意思？

A 去**借**手机　　B 去买手机　　C 不用**借**照相机　　答案【C】

<仿>阅读·选择词语完成句子或对话

A 除了　B 提高　C 影响　D 爱好　E **借**　F 习惯

A：妈妈，把您的旗袍（　　）我穿一下吧，我要表演中国茶节目。

B：旗袍都在柜子里，你喜欢哪件穿哪件。　　答案【E】

<仿>阅读·阅读句子选择正确答案

老师说，下周的文学课要讲冰心的小说，下午我和玛丽去图书馆**借**书，图书馆的老师说，书已经**借**出去了。

★书：

A 老师要看　　B 在图书馆　　C 被人**借**走了　　答案【C】

你妈妈生病住院，花钱的地方多，这些钱你先拿着用，是我**借**给你的，等你有钱的时候再还给我。

★说话人在：

A 取钱　　B **借**钱　　C 还钱　　答案【B】

【哭】 kū 动 因痛苦、开心而流泪，有时发出声音。cry

扩展与搭配　大哭 dà kū　不哭 bù kū　爱哭 ài kū

哭起来 kū qǐlái　哭个没完 kū gè méi wán

<仿>听力·听句子判断正误

经过几个月的努力，玛丽终于通过了考试，她高兴得**哭**了。

★玛丽非常高兴。（　　）　　答案【√】

你相信吗？人不仅仅在难过的时候才**哭**，高兴的时候也会流眼泪。

★人在高兴的时候也会**哭**。（　　）　　答案【√】

<仿>阅读·阅读句子选择正确答案

有些孩子在爸爸、妈妈不给他买要的东西时，就会**哭**。他们觉得一**哭**，他要的东西就会得到。可是，有些父母不这样，孩子**哭**，就让他**哭**，不会把他要的东西给他。

★孩子**哭**可能表示：

A 要东西　　B 很好吃　　C 很高兴　　答案【A】

<仿>书写·用所给词语完成句子

起来　疼　弟弟　得　**哭**了　　参考答案：弟弟疼得**哭**了起来。

【离开】 lí//kāi 动 跟人、物或地方分开。leave

扩展与搭配　离开妈妈 líkāi māma　离开学校 líkāi xuéxiào　离开公司 líkāi gōngsī

已经离开 yǐjīng líkāi　　离开这儿 líkāi zhèr　　没有离开 méiyǒu líkāi

离不开 lí bu kāi　　第一次离开家 dì-yī cì líkāi jiā

<仿>听力·听句子判断正误

爸爸、妈妈年纪大了，身体不好，**离不开**人，可是我每天得上班啊。姐姐退休后，每天都过来照顾他们。

★姐姐每天来照顾爸爸、妈妈。(　　)　　答案【√】

<仿>阅读·阅读句子选择正确答案

罗兰在中国学习了半年，她喜欢中国，喜欢和中国人交朋友。明天她就要回国了，她想如果以后有时间一定再来中国学习。

★罗兰：

A 明年一定来中国　　B 明天**离开**中国　　C 半年后再来中国　　答案【B】

玛丽每天上午都要上四节课，中午下课以后，她会帮助老师关电脑、关灯。如果遇到天气不好的时候，她还要检查一下窗户，看看关好了没有。这些都做完了，她才最后一个**离开**教室。

★玛丽：

A 是一个老师　　B 学习很努力　　C 最晚**离开**教室　　答案【C】

【脸】 liǎn 名 头的前部，从额到下巴。face

扩展与搭配　一张脸 yì zhāng liǎn　　笑脸 xiàoliǎn　　洗脸 xǐ liǎn

脸上 liǎn shang　　大红脸 dà hóng liǎn　　脸红 liǎnhóng

<仿>阅读·根据句子选择上下文

A 好的，我写完作业就去洗。

B 秋天到了，学校里的树叶都黄了。

C 我的书被他借走了，他说三天后还给我。

D 他越说越生气，越生气越想说。

E 你去哪个国家留学？还没决定吗？

你洗完**脸**、刷完牙就上床睡觉吧。(　　)　　答案【A】

<仿>阅读·选择词语完成句子或对话

A 过去　B 地图　C 比赛　D 爱好　E 葡萄　F **脸**

A：你第一次在这么多人面前说话吗？我看你(　　)都红了。

B：是啊，我都有点儿害怕了。　　答案【F】

<仿>书写 · 用所给词语完成句子

我的**脸**　洗　呢　还没　　　　参考答案：我的**脸**还没洗呢。

【拿】 ná 动 用手或其他方式抓住（东西）。hold, take

扩展与搭配　拿走 názǒu　拿着 názhe　别拿 bié ná　没拿 méi ná
拿好 náhǎo　拿手机 ná shǒujī

<仿>听力 · 听句子判断正误

小明，你先坐，我去给你**拿**水果。为了欢迎你，我今早买了一个西瓜，放在冰箱里了。

★西瓜是小明**拿**来的。（　　）　　答案【×】

儿子，妈妈买了一把玫瑰花，漂亮吧？你快去**拿**一个花瓶来，我们把花插起来。

★妈妈让儿子去**拿**花瓶。（　　）　　答案【√】

<仿>阅读 · 选择词语完成句子或对话

A 才　B 先　C **拿**　D 自行车　E 声音　F 伞

服务员，请再给我（　　）一个碗。　　答案【C】

A 试　B 关　C **拿**　D 爱好　E 照顾　F 简单

A：请帮我（　　）一下书，我要开门。

B：好的，没问题。　　答案【C】

【起来】 qǐ//lái 动（a）由躺而坐，由坐而站。stand up, sit up, rise, arise（b）用在动词或形容词后，表示动作或情况开始并且继续。start and continue

扩展与搭配　你起来 nǐ qǐlái　刚起来 gāng qǐlái　哭起来 kū qǐlái
站起来 zhàn qǐlái　想不起来 xiǎng bu qǐlái　高兴起来 gāoxìng qǐlái
下起雨来 xiàqǐ yǔ lái　说起话来 shuōqǐ huà lái

<仿>听力 · 听句子判断正误

昨天我在地铁上遇到了一个几年前教过的学生，他高高兴兴地跟我打招呼，可是我却怎么都想不**起来**他的名字。

★我忘记了学生的名字。（　　）　　答案【√】

刚才天上还有太阳，怎么突然下**起**雨**来**了呢？

★天要下雨了。(　　)　　答案【×】

<仿>阅读 · 选择词语完成句子或对话

A 请假　B 离开　C 根据　D 着急　E 声音　F **起来**

在这儿见到老朋友，她高兴得跳了(　　)。　　答案【F】

A 词典　B **起来**　C 迟到　D 爱好　E 完成　F 祝

A：你今天早上几点(　　)的？

B：我起得很晚，昨天晚上睡得太晚了。　　答案【B】

【刷牙】 shuāyá 动 用小刷子把牙洗干净。brush one's teeth

扩展与搭配　刷牙洗脸 shuāyá xǐ liǎn　没刷牙 méi shuāyá　已经刷牙了 yǐjīng shuāyá le

<仿>阅读 · 根据句子选择上下文

A 如果你没有时间，请告诉我。

B 在中国的学习要结束了，你有什么打算？

C 我知道，妈妈，天天**刷牙**对牙齿好。

D 放心吧，我一定会参加的。

E 他特别喜欢吃中国菜。

吃了糖后要好好儿**刷牙**，然后再睡觉。(　　)　　答案【C】

<仿>阅读 · 选择词语完成句子或对话

A 干净　B 要求　C **刷牙**　D 爱好　E 经过　F 宾馆

A：医生，我的牙特别疼，可我每天都(　　)啊。您帮我看看我的牙怎么了。

B：你是不是喜欢吃甜的？张开嘴我看看。　　答案【C】

<仿>书写 · 根据拼音写汉字

shuā

睡觉前记得(　　)牙，这样牙就不会那么疼了。　　答案【刷】

【头发】 tóufa 名 人的头的上部生长出的毛。hair

扩展与搭配　长头发 cháng tóufa　没头发 méi tóufa　黑头发 hēi tóufa

黄头发 huáng tóufa　洗头发 xǐ tóufa　吹头发 chuī tóufa

<仿>听力 · 听句子判断正误

我真不理解现在的孩子，怎么就不喜欢黑**头发**呢？今天变红**头发**，明天又变白**头**

发。我们老年人却总是想办法把白**头发**变黑。

★现在孩子的**头发**常常换颜色。（　　）　　答案【√】

<仿>阅读·根据句子选择上下文

A 听说你这次考试考得很好。

B 我们晚上去看电影吧！

C 冰箱里有吃的、喝的，你自己拿。

D 我洗**头发**呢，你们先吃吧。

E 当然。我们先坐公共汽车，然后换地铁。

F 公司最近来了个新同事，一会儿我们去看看。

你干什么呢？快来吃饭吧！（　　）　　答案【D】

<仿>书写·用所给词语完成句子

黄色　张先生的　**头发**　是　的　　参考答案：张先生的**头发**是黄色的。

【腿】 tuǐ 名 人和动物身上用来行走的部分。leg

扩展与搭配　大腿 dàtuǐ　腿粗 tuǐ cū　腿疼 tuǐ téng　腿长 tuǐ cháng

<仿>听力·听句子判断正误

这条裤子我穿不合适，我的**腿**太细了，换一条吧。

★他的**腿**有点儿胖。（　　）　　答案【×】

<仿>阅读·根据句子选择上下文

A 我先吃饭，然后再做作业。

B 原来个子矮的人，照相的时候也可以变成长**腿**。

C 你看见我的词典了没有？怎么找不到了呢？

D 我们去那家日本餐厅吃饭吧，听说很不错。

E 当然。我们先坐公共汽车，然后换地铁。

F 地铁站就在学校大门右边，一点儿都不远。

小王教我照相的时候怎么站好看。（　　）　　答案【B】

<仿>阅读·选择词语完成句子或对话

A 着急　B **腿**　C 换　D 爱好　E 颜色　F 让

A：明天星期六，我们去爬山吧。

B：我前两天和朋友踢足球来着，今天（　　）还疼呢。　　答案【B】

<仿>书写 · 根据拼音写汉字

tuǐ
她的（　　）真长，人也长得漂亮。　　答案【**腿**】

【洗澡】 xǐ//zǎo 动 用水洗身体，使身体干净。take a bath/shower

扩展与搭配　不洗澡 bù xǐzǎo　在洗澡 zài xǐzǎo　去洗澡 qù xǐzǎo
爱洗澡 ài xǐzǎo　洗澡水 xǐzǎoshuǐ　洗过澡 xǐguo zǎo
洗了澡 xǐle zǎo　洗个澡 xǐ gè zǎo

<仿>阅读 · 根据句子选择上下文

A 我们八点出发，一个小时就到了。
B 没有水了，我怎么**洗澡**啊？
C 感冒了，要多喝热水。
D 她第一次一个人去旅行，但是一点儿也不害怕。
E 请问，图书馆怎么走？
刚才还有呢，现在停水了吗？（　　）　　答案【B】

<仿>书写 · 用所给词语完成句子

他　冷水　**洗澡**　用　也　冬天　　参考答案：他冬天也用冷水**洗澡**。

【用】 yòng 动 使用，需要。use

扩展与搭配　使用 shǐyòng　不用 búyòng　没用 méi yòng
多用汉语交流 duō yòng Hànyǔ jiāoliú　用完了 yòngwán le

<仿>听力 · 听句子判断正误

老师要检查一下昨天的作业，看看哪个同学没做。
★作业不**用**做。（　　）　　答案【×】

<仿>阅读 · 根据句子选择上下文

A 她是法国来的同学，叫莎拉。
B 不**用**了，东西不多，我自己搬就行了。
C 我们早点儿出发，一定不会迟到。
D 我最近有点儿忙，你自己去看电影吧。
E 你打电话找我了？有什么事情吗？
你明天要搬家了？我去帮你啊？（　　）　　答案【B】

<仿>阅读·阅读句子选择正确答案

留学生要想学好汉语，就要多和中国人交朋友，多**用**汉语说话，这样你的汉语才会越来越好，汉语水平也会提高得越来越快。

★要想汉语越来越好，就得：

A 努力学习　　B 多**用**汉语说话　　C 多交朋友　　答案【B】

<仿>书写·用所给词语完成句子

词　请**用**　一句话　这个　说　　参考答案：请**用**这个词说一句话。

【站】 zhàn ①动 直着身体，两脚着地。stand ②名 为乘客上下车时停车的地方。stop, station

扩展与搭配　站着 zhànzhe　站一会儿 zhàn yíhuìr　站在旁边 zhàn zài pángbiān　站队 zhànduì　火车站 huǒchēzhàn　汽车站 qìchēzhàn

<仿>听力·听句子判断正误

爸爸、妈妈坐在椅子上，你**站**在他们后面。好，我要开始照了，大家笑一笑，我说一、二、三，大家说"茄子"。

★他们在看电影。(　　)　　答案【×】

<仿>阅读·选择词语完成句子或对话

A 打扫　B 方便　C **站**　D 附近　E 声音　F 兴趣

昨天公共汽车上人很多，她一直(　　)着。　　答案【C】

<仿>阅读·阅读句子选择正确答案

昨天在地铁**站**，我遇到了中学同学，我们毕业后很多年没见了，他说他大学毕业后又去了英国留学，回国后就去上海工作了，昨天他回家来看妈妈。

★根据这段话，他在哪里遇到了同学？

A 地铁**站**　　B 英国　　C 上海　　答案【A】

<仿>书写·根据拼音写汉字

zhàn

您可以选择火车(　　)附近的宾馆，住那儿会更方便。　　答案【**站**】

【长】 zhǎng 动 生，生长，成长。come into being, grow

扩展与搭配　长牙 zhǎng yá　长头发 zhǎng tóufa　长高 zhǎng gāo　长胖 zhǎng pàng　长大 zhǎng dà　没长 méi zhǎng

长得快 zhǎng de kuài　　长得漂亮 zhǎng de piàoliang

长得像爸爸 zhǎng de xiàng bàba

<仿>阅读·阅读句子选择正确答案

这是前两天朋友送我的小猫，小猫刚来的时候不习惯，吃的东西很少，有点儿瘦，这两天习惯了，吃的东西也多了，**长**胖了不少。

★关于那只小猫，可以知道：

A **长**胖了　　B 病了　　C 现在很瘦　　答案【A】

<仿>阅读·选择词语完成句子或对话

A 只　　B 空调　　C 疼　　D 爱好　　E **长**　　F 银行

A：这张照片中间的是你妈妈？

B：是啊，这是妈妈年轻时照的，你看我（　　）得像不像她？　　答案【E】

<仿>书写·用所给词语完成句子

可爱　这个孩子　**长**得　了　太　　参考答案：这个孩子**长**得太可爱了。

【种】zhòng 动 把植物的种子放在土里或把植物小苗的根放在土里。grow, plant

扩展与搭配　种菜 zhòng cài　　种花 zhònghuā

种瓜 zhòng guā　　种树 zhòng shù

种得好 zhòng de hǎo

<仿>听力·听句子判断正误

你们知道吗？3月12号是中国的植树节，植树节前后，天气开始变暖，学校、工厂、公司都会去**种**树，我们留学生这个周末也去**种**树。

★植树节是**种**树的节日。（　　）　　答案【√】

<仿>书写·根据拼音写汉字

zhòng

爷爷、奶奶在院子里（　　）了好多漂亮的花。　　答案【**种**】

【自己】zìjǐ 代 复指前头的名词或代词。oneself

扩展与搭配　他自己 tā zìjǐ　　我们自己 wǒmen zìjǐ　　学生自己 xuéshēng zìjǐ

自己学 zìjǐ xué　　自己拿 zìjǐ ná　　自己洗 zìjǐ xǐ

爱自己 ài zìjǐ　　自己的事情 zìjǐ de shìqing

自己想办法 zìjǐ xiǎng bànfǎ　　相信自己 xiāngxìn zìjǐ

<仿>听力·听句子判断正误

孩子要买很贵的东西时，很多父母都会给买，但是到父母给**自己**买东西的时候，却很少买贵的。

★父母会买很贵的东西给**自己**。（　　）　　答案【×】

<仿>阅读·根据句子选择上下文

A 你还在工作？最近你太忙了。

B 好的，我一会儿就去图书馆还书。

C 明天会很冷，多穿点儿衣服，小心感冒。

D 如果饿了，我会**自己**拿的。

E 当然。我们先坐公共汽车，然后换地铁。

F 中间那个穿白衣服的女孩，就是我们班新来的同学。

冰箱里有面包、蛋糕，还有水果。（　　）　　答案【D】

<仿>阅读·选择词语完成句子或对话

A 照相机　B **自己**　　C 只有　　D 爱好　　E 双　　F 干净

现在年轻人（　　）做饭的不多，他们一般早上、中午在食堂吃，晚上叫外卖。

答案【B】

<仿>阅读·阅读句子选择正确答案

我们常说：**自己**的事情**自己**做，这样可以使**自己**得到锻炼。但是如果是**自己**也很难解决的，就要多听听别人的意见，也可以请别人帮忙，这样我们可以从别人那儿学到很多解决问题的办法，对**自己**也会有很大的帮助。

★根据这段话，可以知道：

A 有问题就找别人帮忙

B **自己**解决问题，不用别人帮忙

C **自己**不能解决的，可以请别人帮忙　　答案【C】

【嘴】 zuǐ 名 口，用来说话、吃东西。mouth

扩展与搭配　一张嘴 yì zhāng zuǐ　　嘴很大 zuǐ hěn dà　　嘴疼 zuǐ téng

张嘴 zhāngzuǐ　　嘴里 zuǐ li

<仿>听力·听对话选择正确答案

女：昨天我和朋友去吃重庆火锅了，太辣了，辣得**嘴**都疼了。

男：你一定是吃了最辣的，下次你要和服务员说不要那么辣的。

问：女的怎么了？

A **嘴**辣疼了　　B 不喜欢吃火锅　　C 去重庆吃火锅了　　答案【A】

<仿>阅读 · 根据句子选择上下文

A 昨天你看足球比赛了吗？

B 还发烧吗？用不用去医院？

C 您还买别的吗？现在一共 236.9 元。

D 我以前没见过这种鸟。

E 你和我一起去吧，我自己去有点儿害怕。

它的**嘴**是红色的，叫红**嘴**鸥。（　　）　　答案【D】

3 购物

【超市】 chāoshì 名 买东西的地方，顾客可以自己选食品、日用品等的商场。supermarket

扩展与搭配 去超市 qù chāoshì　这家超市 zhè jiā chāoshì　超市里 chāoshì li
超市不大 chāoshì bú dà　超市门口 chāoshì ménkǒu

<仿>阅读·根据句子选择上下文

A 下班后我们一起去看电影吧。
B 这本书我看完了，还给你。
C 黑板上的字有点儿小，我得坐在前面。
D 家里好像没有牛奶了。
E 医生，这种药怎么吃？
那我们一会儿去**超市**吧。（　　）　　答案【D】

<仿>阅读·阅读句子选择正确答案

现在很多地方都有**超市**，**超市**有大也有小。**超市**里的东西很多，所以你有什么需要，差不多都能在**超市**买到。有了**超市**，人们的生活方便了很多。

★关于**超市**，我们可以知道：

A 里面东西不多　B 买东西很方便　C **超市**里面没人　答案【B】

<仿>书写·用所给词语完成句子

这家　**超市**的　又好又便宜　东西　参考答案：这家**超市**的东西又好又便宜。

【衬衫】 chènshān 名 穿在里面的西式单上衣。shirt

扩展与搭配 花衬衫 huā chènshān　一件衬衫 yí jiàn chènshān
洗衬衫 xǐ chènshān　衬衫好看 chènshān hǎokàn
衬衫很贵 chènshān hěn guì　衬衫太小了 chènshān tài xiǎo le

<仿>听力·听句子判断正误

那件蓝**衬衫**我洗了，你穿那件白色的吧，白**衬衫**和西服一起穿很好看。

★白**衬衫**洗了。（　　）　　答案【×】

<仿>阅读 · 根据句子选择上下文

A 请帮我买一瓶水好吗？
B 外面要下雨了，我也该走了。
C 今天是你上班的第一天，加油啊！
D 那就买这件吧，多少钱？
E 他们两个是同学，当然认识了。
这件**衬衫**颜色不错，他一定喜欢。（　　）　　答案【D】

A 这张照片在哪儿照的？真好看！
B 下了课我就去吃饭，下午我还有课呢。
C 有些事情你得自己做。
D 他来中国已经两个多月了。
E 我穿这件白**衬衫**怎么样？
这件挺好的，你再试试那件蓝色的，看看哪个更好。（　　）　　答案【E】

【花】 huā 动 用（用在时间、钱上）。spend (time, money, etc.)

扩展与搭配　花时间 huā shíjiān　　花钱 huā qián
花了一千块 huāle yìqiān kuài　　花光 huāguāng

<仿>阅读 · 根据句子选择上下文

A 她还是想去上海工作。
B 游了半个小时的泳，有点儿累了。
C 他**花**在手机上的时间太多了，应该是看手机看的。
D 公共汽车最近怎么总是来晚？
E 当然。我们先坐公共汽车，然后换地铁。
F 我洗完碗就过去。
孩子的眼睛最近不舒服，是不是学习累的？（　　）　　答案【C】

<仿>书写 · 用所给词语完成句子

一万　一共　这次旅游　**花**了　元　　参考答案：这次旅游一共**花**了一万元。

【裤子】 kùzi 名 穿在腰以下的衣服，有两条腿。trousers, pants

扩展与搭配　一条裤子 yì tiáo kùzi　　长裤子 cháng kùzi　　穿裤子 chuān kùzi

裤子短了 kùzi duǎn le　　洗裤子 xǐ kùzi　　买裤子 mǎi kùzi
裤子瘦了 kùzi shòu le　　裤子破了 kùzi pò le

<仿>阅读·根据句子选择上下文

A 明天得早点儿起来，我要赶火车。
B 这个菜有点儿辣，还是换一个吧。
C 我刚才不是给你洗了吗？
D 我也想去超市，我和你一起去吧。
E 这是你做的菜？真好吃！
妈，看见我的**裤子**了吗？怎么找不到了？（　　）　　答案【C】

<仿>阅读·阅读句子选择正确答案

外面下雨了，有点儿冷，田芳今天不想穿裙子了，她想穿那条黄色的**裤子**。黄**裤子**不肥不瘦，穿上很好看。那条白**裤子**瘦了，不能再穿了。

★田芳今天穿：

A 裙子　　B 黄**裤子**　　C 白**裤子**　　答案【B】

这条**裤子**是今年过生日时，我男朋友送我的生日礼物，他知道我很喜欢这条**裤子**，所以把它作为生日礼物送给了我。

★这条**裤子**：

A 是春天买的　　B 她很喜欢　　C 是白色的　　答案【B】

【礼物】 lǐwù 名 为了表示庆贺、感谢或礼貌而送的物品。gift, present

扩展与搭配　生日礼物 shēngrì lǐwù　　结婚礼物 jiéhūn lǐwù　　买礼物 mǎi lǐwù
送礼物 sòng lǐwù　　带礼物 dài lǐwù　　选礼物 xuǎn lǐwù
接受礼物 jiēshòu lǐwù

<仿>阅读·根据句子选择上下文

A 这个工作什么时候能完成？
B 我一会儿就去商店，看看买什么好。
C 我能听懂老师的普通话，但是听不懂沈阳人说话。
D 请问王经理在吗？我有重要的事情要找他。
E 飞机还有两个小时起飞。
你后天回国吗？给家人买**礼物**了吗？（　　）　　答案【B】

<仿>阅读·选择词语完成句子或对话

A 舒服　B 嘴　C 银行　D 爱好　E 祝　F **礼物**

A：小王请我们去她家做客，带什么（　　）好呢？

B：买些水果就可以了。　答案【F】

<仿>阅读·阅读句子选择正确答案

这个电脑是姐姐送我的生日**礼物**，已经用了两年了。这几天电脑用起来有点儿慢，我想下班后请朋友帮我检查一下。

★这个电脑：

A 是我的生日**礼物**　B 一直很好用　C 是朋友送的　答案【A】

<仿>书写·用所给词语完成句子

礼物　女朋友　送给　张东　一个　参考答案：张东送给女朋友一个**礼物**。

【帽子】 màozi 名 戴在头上用来保暖、防晒、防雨等或用来装饰的用品。hat

扩展与搭配　戴帽子 dài màozi　卖帽子 mài màozi　一顶帽子 yì dǐng màozi
花帽子 huā màozi　好看的帽子 hǎokàn de màozi

<仿>阅读·根据句子选择上下文

A 晚饭后我经常去散一会儿步。
B 明天我们坐地铁去吧，坐公共汽车可能会迟到。
C 这个**帽子**真漂亮，就买这个吧。
D 这儿有卖饮料的！你喝不喝？
E 我们很久没见了吧？

我也觉得不错，你戴肯定好看。（　　）　答案【C】

A 现在四点多天就黑了。
B 我要去书店，需要我帮你买书吗？
C 谢谢您能给我这个机会。
D 不用，外面不太冷。我一会儿就回来了。
E 当然。我们先坐公共汽车，然后换地铁。
F 我的那件黄衬衫呢？

戴上**帽子**，外面很冷，可别感冒了。（　　）　答案【D】

【皮鞋】 píxié 名 用皮革制成的鞋。leather shoes

扩展与搭配 新皮鞋 xīn píxié　皮鞋太旧了 píxié tài jiù le　一双皮鞋 yì shuāng píxié
穿皮鞋 chuān píxié　皮鞋坏了 píxié huài le　皮鞋湿了 píxié shī le

<仿>听力·听对话选择正确答案

女：这双黑**皮鞋**有点瘦儿，还有肥一点儿的吗？

男：你试一试这双白**皮鞋**，这双比刚才那双肥一点儿。

问：男的是什么意思？

A 黑**皮鞋**肥　　B 白**皮鞋**肥　　C 白**皮鞋**小　　答案【B】

<仿>阅读·选择词语完成句子或对话

A 向　B 一般　C 差　D 爱好　E **皮鞋**　F 让

A：明天我们是去爬山，你记得别穿（　　）。

B：好的，我会穿运动鞋的。　　答案【E】

【裙子】 qúnzi 名 一种女士服装，有短的，有长的。skirt

扩展与搭配 一条裙子 yì tiáo qúnzi　花裙子 huā qúnzi　长裙子 cháng qúnzi
短裙子 duǎn qúnzi　白裙子 bái qúnzi　穿裙子 chuān qúnzi

<仿>听力·听句子判断正误

今天是新年，我们班同学要表演节目，女生都穿着黄色的**裙子**，男生都穿着白色的衣服和裤子，大家一起跳舞，漂亮极了。

★今天女生都穿白**裙子**。（　　）　　答案【×】

<仿>阅读·根据句子选择上下文

A 明天考试，今天晚上你得早点儿睡！

B 你想穿**裙子**逛街？今天外面很冷。

C 这两天去商店买东西会便宜一点儿。

D 请问附近有超市吗？

E 手机里有地图，看看车站怎么走。

是吗？那我换条裤子吧。（　　）　　答案【B】

<仿>阅读·阅读句子选择正确答案

小王上个星期去逛街，看到一条**裙子**很漂亮，穿上不大不小，她非常喜欢。但是太贵了，就没买。她想半个月后就是“双十一”了，这条**裙子**一定会便宜一些，到那个时候再买吧。

★小王：

A 买**裙子**了　　B 没买**裙子**　　C 不穿**裙子**　　答案【B】

【伞】 sǎn 名 挡雨或者太阳的一种用具。umbrella

扩展与搭配　一把伞 yì bǎ sǎn　　太阳伞 tàiyángsǎn
雨伞 yǔsǎn　　花伞 huāsǎn
买伞 mǎi sǎn　　修伞 xiū sǎn
伞坏了 sǎn huài le

<仿>阅读·根据句子选择上下文

A 今天晚上准备好，明天早上起来就走。
B 这位是我们班的新同学。
C 看看这把怎么样？就是比刚才的那把贵了一点儿。
D 除了小张，大家都来了。
E 花园里的花都开了，特别漂亮。
这把**伞**有点儿小，颜色我也不太喜欢。(　　)　　答案【C】

<仿>阅读·阅读句子选择正确答案

这个地方夏天经常下雨，有时候早上还是晴天，下午就会突然下起雨来，所以我每天都会把**伞**放在包里。

★她每天都：
A 早起　　B 带**伞**　　C 出门　　答案【B】

【信用卡】 xìnyòngkǎ 名 银行卡的一种，具有消费、信用贷款、转账结算、存取现金等全部或部分功能。credit card

扩展与搭配　一张信用卡 yì zhāng xìnyòngkǎ
用信用卡 yòng xìnyòngkǎ
还信用卡 huán xìnyòngkǎ
办信用卡 bàn xìnyòngkǎ
刷信用卡 shuā xìnyòngkǎ

<仿>听力·听句子判断正误

现在很多人去商店买东西、旅行，都用**信用卡**。**信用卡**用起来很方便，但是这也让很多人有了随便花钱的习惯。

★去商店买东西可以用**信用卡**。(　　)　　答案【√】

<仿>阅读 · 选择词语完成句子或对话

A 几乎　B 终于　C **信用卡**　D 爱好　E 出现　F 葡萄

A：明天是最后一天了，记得还（　　）。

B：好的，我现在就在手机银行上还钱。　答案【C】

<仿>书写 · 用所给词语完成句子

一张　办　去　**信用卡**　银行　参考答案：去银行办一张**信用卡**。

【银行】 yínháng 名 经营存款、贷款、汇兑、储蓄等业务的金融机构。bank

扩展与搭配　一家银行 yì jiā yínháng　中国银行 Zhōngguó Yínháng

去银行 qù yínháng　银行附近 yínháng fùjìn

网上银行 wǎngshàng yínháng　手机银行 shǒujī yínháng

<仿>阅读 · 选择词语完成句子或对话

A 经常　B **银行**　C 干净　D 爱好　E 季节　F 刚才

A：请问，学校附近有（　　）吗？

B：学校西门旁边有一家。　答案【B】

A 向　B 一定　C **银行**　D 爱好　E 故事　F 世界

A：昨天买东西的时候，我的信用卡不能用了。

B：你去（　　）问问，看看怎么办。　答案【C】

4 家庭

【阿姨】 āyí 名 母亲的姐妹；对没有亲属关系的年龄和母亲差不多的妇女的称呼。mother's sister, aunt

扩展与搭配　李阿姨 Lǐ āyí　　叫她阿姨 jiào tā āyí　　叔叔阿姨 shūshu āyí

<仿>阅读 · 根据句子选择上下文

A 会不会在办公室？我也没看见他。

B 今年的葡萄又便宜又好吃。

C 你要多锻炼身体，这样才能少感冒。

D 是啊，她已经快 50 了，但是看起来像 30 多岁。

E 我还以为她已经下班了呢。

和你一起吃饭的是你**阿姨**？真年轻啊！（　　）　　答案【D】

<仿>阅读 · 选择词语完成句子或对话

A 起来　B 要求　C **阿姨**　D 邻居　E 声音　F 城市

张叔叔和李（　　）明天要去法国旅行。　　答案【C】

<仿>阅读 · 阅读句子选择正确答案

今天晚上王阿姨一家要来我们家，我们得准备一些吃的东西，你去买些水果吧，再买一瓶葡萄酒。

★谁要来家里？

A 王**阿姨**　　B 王**阿姨**一家　　C 大家　　答案【B】

【包】 bāo ① 名（a）装东西的口袋。bag（b）包好了的东西。package
② 动 用布、纸或其他薄片把东西裹起来。wrap

扩展与搭配　书包 shūbāo　　钱包 qiánbāo　　旅行包 lǚxíngbāo
邮包 yóubāo
包饺子 bāo jiǎozi　　包起来 bāo qǐlái

<仿>听力·听对话选择正确答案

女：你找什么呢？告诉我，我可以帮你找。

男：我的信用卡不见了，我记得昨天从钱**包**里拿出来了。

女：你的钱**包**呢？再看看里面。

男：看了，里面没有啊。

女：信用卡在钱**包**里啊，你没拿出去啊。

问：男的在干什么？

A 找钱　　B 找信用卡　　C 找钱**包**　　答案【B】

<仿>阅读·根据句子选择上下文

A 是不是还在书房的桌子上？

B 学习结束后，我要好好儿休息休息。

C 我发现他最近特别忙。

D 多吃水果对身体好。

E 他对锻炼不感兴趣，他就喜欢在家里玩儿手机。

我记得把汉语书放**包**里了，怎么没有呢？（　　）　　答案【A】

<仿>阅读·阅读句子选择正确答案

我已经习惯了用手机微信买东西，但是出去的时候，**包**里还是会带点儿零钱，这样坐公共汽车、买东西，不能刷卡、用微信的时候，就可以花零钱。

★他的**包**里有：

A 零钱　　B 银行卡　　C 很多钱　　答案【A】

【冰箱】 bīngxiāng 名 冷藏食物或药品用的器具。refrigerator

扩展与搭配

买冰箱 mǎi bīngxiāng　　送冰箱 sòng bīngxiāng

开冰箱 kāi bīngxiāng　　冰箱坏了 bīngxiāng huài le

冰箱很贵 bīngxiāng hěn guì　　冰箱里 bīngxiāng li

<仿>听力·听对话选择正确答案

男：妈妈您看，这个**冰箱**好漂亮啊，有两个门。

女：那是双门**冰箱**，比一般的冰箱要大，可以多放东西。

问：他们在看什么？

A **冰箱**　　B 门　　C 电视　　答案【A】

<仿>阅读·根据句子选择上下文

A 我不知道他什么时候回来，他告诉你了吗？

B 这个**冰箱**已经用了很多年了，我想换一个。
C 明天的会议很重要，你别迟到啊。
D 我不想去外面住，在学校住很方便。
E 请您介绍一下你们的公司。
咱们在网上看看，要是有更好的，就买一个。(　　)　　答案【B】

A 他觉得这个菜好吃极了。
B 她每天除了要照顾孩子，还要照顾老人。
C 每次照相的时候，他都站在前面。
D 妈妈的话对孩子有很大的影响。
E **冰箱**里没什么吃的了，一会儿去买一些。
好，一会儿我和你一起去超市买。(　　)　　答案【E】

<仿>阅读·选择词语完成句子或对话

A 挺　　B **冰箱**　　C 必须　　D 关于　　E 声音　　F 条

我忘记把牛奶放(　　)里了，三天了，都坏了，不能喝了。　　答案【B】

【打扫】 dǎsǎo 动 清理，扫除。sweep

扩展与搭配
没打扫 méi dǎsǎo　　打扫房间 dǎsǎo fángjiān
打扫会议室 dǎsǎo huìyìshì　　打扫干净 dǎsǎo gānjìng
打扫得干干净净 dǎsǎo de gāngānjìngjìng

<仿>听力·听对话选择正确答案

女：小王，把会议室**打扫**一下，10 点我们开会。
男：好的，我马上就去。
问：女的让小王做什么？
A 开会　　B **打扫**会议室　　C 打水　　答案【B】

<仿>阅读·根据句子选择上下文

A 你还有点儿发烧，记得吃药啊。
B 我不认识那个人，你认识吗？
C 应该是小王，今天他第一个到的教室。
D 我第一次游泳，有点儿害怕。
E 他说什么？我没听懂。
教室真干净，谁**打扫**的呢？(　　)　　答案【C】

<仿>阅读·选择词语完成句子或对话

A 画　B 经常　C 礼物　D 爱好　E **打扫**　F 或者

A：你的房间真干净！

B：谢谢，我每天早上都（　　）。　答案【E】

【灯】 dēng 名 照明用的发光的器具。light, lamp

扩展与搭配 电灯 diàndēng　路灯 lùdēng　开灯 kāi dēng
关灯 guān dēng　修灯 xiū dēng　卖灯 mài dēng
灯坏了 dēng huài le

<仿>听力·听对话选择正确答案

女：我吃完了，先上班了。

男：好的，你先走吧，我吃完早饭就走。

女：好，你走时别忘把厨房的**灯**关上。

男：放心吧。

问：男的为什么还不走？

A 没吃完　B 没关**灯**　C 不上班　答案【A】

<仿>阅读·选择词语完成句子或对话

A 才　B **灯**　C 只　D 爱好　E 干净　F 懂

A：厨房的（　　）坏了，一会儿得换一个。

B：好的，我去超市买一个，然后换下来。　答案【B】

【结婚】 jié//hūn 动 男子和女子成为法律上的夫妻。get married

扩展与搭配 准备结婚 zhǔnbèi jiéhūn　不结婚 bù jiéhūn
没结婚 méi jiéhūn　想结婚 xiǎng jiéhūn
不愿意结婚 bú yuànyì jiéhūn
跟 / 和……结婚 gēn/hé …jiéhūn
结婚日期 jiéhūn rìqī　结婚一年了 jiéhūn yì nián le
结过两次婚 jiéguo liǎng cì hūn　结不了婚 jié bu liǎo hūn

反义词 离婚 líhūn

<仿>听力·听对话选择正确答案

女：这几天没看见小张，他忙什么呢？

男：他正准备**结婚**呢。

女：是吗？我还以为他没有女朋友呢。

男：哈哈，你是不是想给他介绍女朋友？

问：关于小张，可以知道什么？

A 女朋友很漂亮　　B 要**结婚**了　　C 工作很忙　　答案【B】

<仿>阅读 · 选择词语完成句子或对话

A 周末　B 虽然　C 地　D **结婚**　E 声音　F 秋

现在很多年轻人（　　）后，很少做饭，他们或者去父母家里吃，或者买着吃。他们觉得这样会有更多时间忙工作。　　答案【D】

A 要求　B **结婚**　C 发现　D 爱好　E 骑　F 感兴趣

A：经理，下个月 6 号我（　　），请您来参加。

B：恭喜你！我一定参加！　　答案【B】

【空调】 kōngtiáo 名 可以调节房屋温度、湿度的器具。air conditioner

扩展与搭配 买空调 mǎi kōngtiáo　送空调 sòng kōngtiáo
安装空调 ānzhuāng kōngtiáo　空调坏了 kōngtiáo huài le
空调太贵了 kōngtiáo tài guì le　关空调 guān kōngtiáo
开空调 kāi kōngtiáo

<仿>听力 · 听句子判断正误

去年夏天北京特别热，所以买**空调**的人特别多。**空调**买到了，却找不到安装的工人，买**空调**后得 4 ~ 5 天才能用上。

★去年夏天北京的**空调**特别贵。（　　）　　答案【×】

<仿>阅读 · 根据句子选择上下文

A 我家附近新开了一家饭馆，过几天我请你去那儿吃饭。

B 这个时间吃饭的人很多，我们等一会儿再去吧。

C 你往东走 300 米，再往北，就能看见银行了。

D 你是不是感冒了？

E 当然。我们先坐公共汽车，然后换地铁。

F 这本书上的字有点儿小，我看不清楚。

姐姐，把**空调**关上吧，我觉得有点儿冷。（　　）　　答案【D】

<仿>阅读 · 选择词语完成句子或对话

A 热情　B **空调**　C 舒服　D 遇到　E 声音　F 检查

我刚才走的时候好像忘记关（　　）了，我得回家看看。　答案【B】

【邻居】 línjū 名 住家接近的人或人家。neighbour

扩展与搭配　邻居们 línjūmen　老邻居 lǎo línjū　新邻居 xīn línjū　邻居之间 línjū zhī jiān　邻居的东西 línjū de dōngxi

<仿>阅读·选择词语完成句子或对话

A 参加　B 离开　C **邻居**　D 爱好　E 打扫　F 解决

A: 那个人是谁？你们认识很长时间了吗？

B: 她是我的（　　），我们才认识，前几天他们家才搬过来。　答案【C】

<仿>阅读·阅读句子选择正确答案

中国人常说："远亲不如近邻。"意思是说，你的家人在很远的地方，如果你有不好解决的问题，他们不容易帮助你；但是如果**邻居**关系很好，他们可以帮助你解决一些问题。所以，很多人和**邻居**的关系都很好。

★通过这段话，我们可以知道：

A **邻居**在很远的地方　B **邻居**可以互相帮助　C 和**邻居**的关系不好

答案【B】

<仿>书写·根据拼音写汉字

lín

我介绍你们认识一下，这是我的新（　　）居。　答案【邻】

<仿>书写·用所给词语完成句子

很好　关系　我和**邻居**　的　参考答案：我和**邻居**的关系很好。

【奶奶】 nǎinai 名 爸爸的妈妈；称呼跟祖母辈分相同或年纪相仿的妇女。father's mother, grandmother

扩展与搭配　我奶奶 wǒ nǎinai　张奶奶 Zhāng nǎinai　老奶奶 lǎo nǎinai　她的奶奶 tā de nǎinai　奶奶家 nǎinai jiā

<仿>听力·听句子判断正误

奶奶今年81岁了，但是她的身体很好，她每天还下楼散半个小时步呢。

★**奶奶**每天散1个小时步。（　　）　答案【×】

<仿>书写·用所给词语完成句子

爷爷　和　了　**奶奶**　50年　结婚　参考答案：**奶奶**和爷爷结婚50年了。

<仿>书写·根据拼音写汉字

nǎinai

我去超市买了很多葡萄，因为（　　）喜欢吃葡萄。 答案【**奶奶**】

【叔叔】 shūshu [名] 爸爸的弟弟；称呼跟爸爸辈分相同而年纪较小的男子。father's younger brother, uncle

扩展与搭配
我叔叔 wǒ shūshu
那个叔叔 nàge shūshu
高个子叔叔 gāo gèzi shūshu
张叔叔 Zhāng shūshu
爸爸和叔叔 bàba hé shūshu
警察叔叔 jǐngchá shūshu
叔叔的车 shūshu de chē
叔叔家的房子 shūshu jiā de fángzi

<仿>阅读·选择词语完成句子或对话

A 虽然　B 练习　C **叔叔**　D 信用卡　E 声音　F 街道

李（　　）和杨阿姨已经结婚 20 年了。 答案【C】

A 举行　B **叔叔**　C 表演　D 爱好　E 努力　F 冰箱

A: 照片上的人是谁啊？我好像在什么地方见过他。

B: 是我（　　），你没见过他，但他和我爸爸很像。 答案【B】

<仿>阅读·阅读句子选择正确答案

叔叔家的孩子很聪明，学习也特别努力，他喜欢看书，喜欢问问题，他知道的事情特别多。去年他参加了一个全国比赛，得了第二名。今年他还要参加，我希望他今年能取得更好的成绩。

★通过这段话，我们可以知道：

A **叔叔**很努力　B **叔叔**家的孩子要参加比赛　C **叔叔**家的孩子得了第一名

答案【B】

<仿>书写·用所给词语完成句子

比　张**叔叔**　我爸爸　大　五岁 参考答案：我爸爸比张**叔叔**大五岁。

【洗手间】 xǐshǒujiān [名] 厕所。restroom

扩展与搭配
去洗手间 qù xǐshǒujiān
洗手间的门 xǐshǒujiān de mén
打扫洗手间 dǎsǎo xǐshǒujiān

<仿>阅读·选择词语完成句子或对话

A 着急　B 礼物　C 起飞　D 爱好　E **洗手间**　F 声音

A:（　　）的灯坏了，请帮我修一下。

B: 好的，我一会儿就去帮您修。　　答案【E】

A 还是　B 极　C 刚才　D 爱好　E **洗手间**　F 相同

A: 要洗的衣服我放在（　　）的篮子里了，怎么没有了？

B: 你最近太忙，我已经洗了。　　答案【E】

<仿>书写 · 用所给词语完成句子

洗手间　干净　他家的　很　　参考答案：他家的**洗手间**很干净。

<仿>书写 · 根据拼音写汉字

jiān

这个房子很好，就是洗手（　　）小了点儿。　　答案【间】

【爷爷】 yéye [名] 爸爸的爸爸；称呼跟祖父辈分相同或年纪相仿的男子。father's father, grandfather

扩展与搭配　我爷爷 wǒ yéye　张爷爷 Zhāng yéye　老爷爷 lǎo yéye

爷爷家 yéye jiā　爷爷的书 yéye de shū

喜欢爷爷 xǐhuan yéye　管他叫爷爷 guǎn tā jiào yéye

<仿>听力 · 听句子判断正误

经常在花园散步的那位**爷爷**是我的邻居，他虽然和他的儿子住在一起，但是老人可以自己照顾自己。

★老**爷爷**需要他的儿子照顾。（　　）　　答案【×】

<仿>阅读 · 阅读句子选择正确答案

爷爷快 80 岁了，但是身体很不错。他每天都到河边的树下和老朋友一起聊天儿、散步。**爷爷**说，开心、快乐会让身体更健康。

★通过这段话，可以知道：

A **爷爷**每天都散步　B **爷爷**每天都游泳　C **爷爷**身体不太好　　答案【A】

5 健康

【发烧】 fā//shāo 动 体温超过正常的温度，生病的一种症状。have a fever

扩展与搭配 发烧了 fāshāo le　没发烧 méi fāshāo
有点儿发烧 yǒu diǎnr fāshāo　不发烧 bù fāshāo
发了两天烧 fāle liǎng tiān shāo　发高烧 fā gāo shāo

近义词 发热 fārè

<仿>听力·听对话选择正确答案

女：别看手机了，医生说你要多休息。
男：没关系，我就看一会儿。
女：还**发烧**吗？
男：吃完药后，好多了。
问：男的怎么样了？

A 没吃药　B **发烧**了　C 工作很累　答案【B】

<仿>阅读·根据句子选择上下文

A 带的东西太多了吧？我们后天就回来了。
B 下星期考试，这几天你要好好儿复习。
C 好的，那你好好儿休息。多喝热水！
D 飞机还有一个多小时才起飞呢，别着急。
E 你给我打电话有什么事情吗？
我感冒了，有点儿**发烧**，上午不去上班了。(　　)　答案【C】

【感冒】 gǎnmào ① 名 一种传染病。cold ② 动 患感冒这种病。catch a cold

扩展与搭配 感冒药 gǎnmàoyào　重感冒 zhòng gǎnmào
感冒好了 gǎnmào hǎo le
经常感冒 jīngcháng gǎnmào　从不感冒 cóng bù gǎnmào
感冒了 gǎnmào le

<仿>阅读 · 根据句子选择上下文

A 这是大熊猫？真可爱，给我看看好吗？
B 你决定了？你告诉奶奶了吗？
C 如果身体还不好，要去医院看看。
D 刚才小张打电话给你，是不是有什么事？
E 当然。我们先坐公共汽车，然后换地铁。
F 快来呀！比赛已经开始了。
我早上吃了**感冒**药，现在不发烧了。（　　） 答案【C】

A 周末他经常和朋友出去玩儿。
B 下周我想去旅行，帮我在网上看看宾馆吧。
C 很多年轻人喜欢在大城市工作。
D 在家休息一下吧，我给你请假。
E 当然。我们先坐公共汽车，然后换地铁。
F 这儿的环境还不错，街道很干净。
昨天下大雨，我没带伞，今天**感冒**了。（　　） 答案【D】

<仿>阅读 · 选择词语完成句子或对话

A 打算　B 照顾　C **感冒**　D 胖　E 声音　F 比较
今天比昨天冷多了，你得多穿点儿衣服，小心（　　）。 答案【C】

【检查】 jiǎnchá 动 为发现问题用心查看。check

扩展与搭配
检查身体 jiǎnchá shēntǐ　去医院检查 qù yīyuàn jiǎnchá
检查门窗 jiǎnchá mén chuāng　检查卫生 jiǎnchá wèishēng
检查护照 jiǎnchá hùzhào　检查作业 jiǎnchá zuòyè
认真检查 rènzhēn jiǎnchá　检查两遍 jiǎnchá liǎng biàn

<仿>阅读 · 选择词语完成句子或对话

A 见面　B 借　C 遇到　D 打扫　E 声音　F **检查**
人们到了50岁以后，应该每年去医院（　　）一次身体。 答案【F】

<仿>阅读 · 阅读句子选择正确答案

小张每天都刷牙，而且每天都刷两三次，但是没想到这几天牙突然特别疼。他想明天请假去医院**检查**一下。

★小张打算：

A 去工作　　B 去超市　　C 去医院　　答案【C】

<仿>书写 · 根据拼音写汉字

坐地铁的时候，为了安全，地铁的工作人员会（jiǎn）查包。　　答案【检】

【健康】 jiànkāng 形 人的身体正常，没有疾病。healthy

扩展与搭配　老人的健康 lǎorén de jiànkāng　　影响健康 yǐngxiǎng jiànkāng
身体健康 shēntǐ jiànkāng　　长得健康 zhǎng de jiànkāng
活得健康 huó de jiànkāng　　健康地成长 jiànkāng de chéngzhǎng

<仿>阅读 · 选择词语完成句子或对话

A 客人　B 种　C 发　D **健康**　E 声音　F 认真

人们不生病的时候，不会认识到（　　）的重要。　　答案【D】

<仿>阅读 · 阅读句子选择正确答案

人们常说："吃饭要吃七分饱。""七分"就是 70% 的意思，"七分饱"也就是不要吃得太饱，这样会让身体更**健康**。

★"吃饭要吃七分饱"是为了：

A 更漂亮　　B 身体**健康**　　C 少花钱　　答案【B】

<仿>书写 · 用所给词语完成句子

健康　比　什么　重要　没有　更　　参考答案：没有什么比**健康**更重要。

【照顾】 zhàogù 动 关心照料。take care of

扩展与搭配　照顾小孩儿 zhàogù xiǎoháir　　照顾老人 zhàogù lǎorén
照顾小狗 zhàogù xiǎo gǒu　　照顾病人 zhàogù bìngrén
不用照顾 búyòng zhàogù

<仿>听力 · 听句子判断正误

这周工作特别忙，丈夫又出差了，我又得**照顾**老人，又得**照顾**孩子，忙得团团转。

★这周我要去医院**照顾**老人。（　　）　　答案【×】

<仿>阅读 · 根据句子选择上下文

A 这个留学生的普通话说得太好了。

B 下班后我们一起走，我想问你一件事情。

C 你最好先复习，再做作业。

D 这双鞋你花了多少钱？
E 当然。我们先坐公共汽车，然后换地铁。
F 看你最近特别累，忙什么呢？
最近我父母身体不太好，下了班我得回去**照顾**他们。(　　)　答案【F】

A 图书馆人太多，没有座位了。
B 坐飞机要小心点儿，到了广州记得打电话告诉我。
C 11 点的飞机，现在才 8 点。
D 天已经阴了，可能要下雨。
E 这个问题不好解决，我再想一想怎么办。
放心吧妈妈，您也要好好儿**照顾**自己。(　　)　答案【B】

6 交流

【关系】 guānxì 名 事与事、人与人或人与事物之间的某种联系。relation

扩展与搭配 同学关系 tóngxué guānxì　　朋友关系 péngyou guānxì
关系好 guānxì hǎo　　关系一般 guānxì yìbān
没有关系 méiyǒu guānxì

<仿>阅读·选择词语完成句子或对话

A 跟　B 节日　C 参加　D 爱好　E 其实　F **关系**

A：刚才和你聊天儿的女孩是你女朋友吗？

B：不是，我们只是普通朋友（　　）。　答案【F】

<仿>阅读·根据句子选择上下文

A 现在街上自行车特别多。

B 经理说几点开会？是 10 点吗？

C 我们很好啊，我遇到问题的时候，他都会帮我。

D 用信用卡买东西有的时候会便宜一点儿。

E 当然。我们先坐公共汽车，然后换地铁。

F 办公室的空调我忘关了。

你和小李的**关系**怎么样？（　　）　答案【C】

<仿>阅读·阅读句子选择正确答案

经过那件事情以后，我们两个的**关系**变得越来越好了，我有什么话都愿意和她说，她有什么事情也愿意告诉我。

★他们两个：

A 不常见面　B 有很多事情　C **关系**更好了　答案【C】

【欢迎】 huānyíng 动 很高兴地迎接。welcome

扩展与搭配 欢迎你 huānyíng nǐ　　欢迎新同学 huānyíng xīn tóngxué

欢迎朋友 huānyíng péngyou　　欢迎会 huānyínghuì
欢迎参加汉语角 huānyíng cānjiā hànyǔjiǎo　　欢迎再来 huānyíng zài lái
欢迎来中国 huānyíng lái Zhōngguó　　大家欢迎 dàjiā huānyíng

<仿>阅读·选择词语完成句子或对话

A 应该　B **欢迎**　C 元　D 爱好　E 不但　F 离开

A：你家真干净啊！

B：为了（　　）你，我昨天就开始打扫了。　答案【B】

A 感兴趣　B 画　C 除了　D 爱好　E **欢迎**　F 又

A：下一个节目是什么？

B：下面请王丽为大家跳舞，大家（　　）！　答案【E】

<仿>阅读·阅读句子选择正确答案

大家这几天玩儿得怎么样？虽然我们的城市很小，但城市历史却很长，每年来这儿旅游的人很多。**欢迎**你们有时间再来！

★根据这段话，可以知道：

A 他**欢迎**大家再来　B 大家玩儿得不好　C 这个小城市很远　答案【A】

【见面】 jiàn//miàn 动 彼此当面相见。meet, see

扩展与搭配　经常见面 jīngcháng jiànmiàn
和/跟……见面 hé/gēn…jiànmiàn
跟老朋友见面 gēn lǎo péngyou jiànmiàn
见过面 jiànguo miàn
见不了面 jiàn bu liǎo miàn

<仿>听力·听句子判断正误

我和他是20多年的老朋友了，关系特别好，虽然不常**见面**，但是我遇到困难时，他总是第一个过来帮助我。

★我们是好朋友，常常**见面**。（　　）　答案【×】

<仿>听力·听对话选择正确答案

男：你认识王经理吗？

女：不熟，只是上次在杭州开会时**见过一面**。

问：女的和王经理是什么关系？

A 不认识　B 不熟　C 是朋友　答案【B】

<仿>阅读 · 选择词语完成句子或对话

A 刮风　B **见面**　C 要求　D 爱好　E 先　F 周末

A：我们明天在哪儿（　　）？

B：学校西门吧，那儿离公共汽车站很近。　答案【B】

<仿>书写 · 用所给词语完成句子

办公室　**见面**　我和她　在　参考答案：我和她在办公室**见面**。

【接】 jiē 动（a）接受。receive（b）迎接。meet, pick up

扩展与搭配　接电话 jiē diànhuà

接孩子 jiē háizi　接朋友 jiē péngyou　接站 jiēzhàn

<仿>听力 · 听句子判断正误

喂，爸爸，我今天加班，很晚才能回去，您和妈妈帮我去学校**接**一下孩子吧。

★今天他不能去**接**孩子。（　　）　答案【√】

<仿>阅读 · 根据句子选择上下文

A 你还有什么要求，请说吧。

B 我今天上午给你打电话，你怎么不**接**呢？

C 你的房间真干净，是你自己打扫的吗？

D 我发现他最近瘦了，是不是有什么事情？

E 我们已经一起工作两年了。

我开了一上午的会。（　　）　答案【B】

<仿>书写 · 用所给词语完成句子

接朋友　他　马上去　车站　参考答案：他马上去车站**接**朋友。

【客人】 kèrén 名 guest

扩展与搭配　来客人了 lái kèrén le　迎接客人 yíngjiē kèrén　送客人 sòng kèrén

重要的客人 zhòngyào de kèrén　客人很多 kèrén hěn duō

<仿>听力 · 听对话选择正确答案

男：你今天怎么这么着急回家？

女：一会儿家里要来**客人**，我得早点儿回去。

问：女的为什么要早点儿回去？

A 她很忙　B 没有公共汽车了　C 家里要来**客人**　答案【C】

<仿>阅读 · 根据句子选择上下文

A 我对你说的话不感兴趣。

B 这双鞋不错，我想买。

C 你这样做会对你有影响的。

D **客人**两小时后到，你帮我准备一些水果吧。

E 当然。我们先坐公共汽车，然后换地铁。

F 你的护照放在包里了吗？

好的，我马上就去水果店买。（　　） 答案【D】

<仿>阅读 · 阅读句子选择正确答案

这家饭店一到中午来吃饭的**客人**就会很多，我们还是早点儿去吧，去晚了没有座位就得等很长时间了。

★这家饭店：

A 不用等座位　　B 中午**客人**很多　　C 饭菜很好吃　　答案【B】

【聊天儿】liáo//tiānr 动 两个人或多个人说话。chat

扩展与搭配 在聊天儿 zài liáotiānr　和同事聊天儿 hé tóngshì liáotiānr　多聊聊天儿 duō liáoliao tiānr

<仿>听力 · 听对话选择正确答案

女：不是早就下班了吗？怎么才回来？

男：在路上遇见老同学了，很久不见，我们就聊了一会儿。

女：他的孩子多大了？

男：和咱儿子一样，也上大三了。

问：男的为什么才回来？

A 工作很忙　　B 和孩子**聊天儿**了　　C 和老同学**聊天儿**了　　答案【C】

<仿>阅读 · 根据句子选择上下文

A 听说她要出国了？是去工作吗？

B 好，我洗完衣服就去。

C 那就经常给他们打电话吧，多跟他们聊**聊天儿**。

D 公司来了一位新同事。

E 当然。我们先坐公共汽车，然后换地铁。

F 游了半个小时的泳，有点儿累了。

现在工作太忙，我都很长时间没回家看父母了。（　　） 答案【C】

<仿>书写·用所给词语完成句子

他和同事　**聊**了一会儿**天儿**　才　离开公司

参考答案：他和同事**聊**了一会儿**天儿**才离开公司。

【遇到】 yùdào 动 碰到，见到。encounter, run into

扩展与搭配　遇到高中同学 yùdào gāozhōng tóngxué
在门口遇到 zài ménkǒu yùdào
遇到不认识的人 yùdào bú rènshi de rén
没有遇到人 méiyǒu yùdào rén
经常遇到他 jīngcháng yùdào tā

<仿>听力·听对话选择正确答案

女：你怎么回来这么晚？加班了吗？

男：不是，你猜我今天**遇到**谁了？

女：**遇到**谁了？小李还是小张？

男：我大学同学小林，我们边喝咖啡边聊天儿来着。

问：男的**遇到**谁了？

A 小李　　B 小张　　C 小林　　答案【C】

<仿>阅读·根据句子选择上下文

A 你们放心吧，我会照顾好自己的。

B 我刚才在电梯口**遇到**他了。

C 我刚来，对这儿还不太习惯。

D 这种果汁不好喝，以后别买了。

E 当然。我们先坐公共汽车，然后换地铁。

F 你们就别担心了。

小张去哪儿了？他刚才还在办公室呢。(　　)　　答案【B】

<仿>阅读·选择词语完成句子或对话

A 忘记　B 请假　C 提高　D 爱好　E **遇到**　F 关

A：我（　　）的中国人都很热情，所以我很喜欢和中国人交朋友。

B：我也是这么想的，他们特别喜欢帮助留学生。　　答案【E】

<仿>书写·用所给词语完成句子

遇到　我　刚才　了　他　在楼下　　参考答案：我刚才在楼下**遇到**他了。

二、社会生活

7 工作

【办法】 bànfǎ [名] 处理事情或解决问题的方法。method, way

扩展与搭配 有办法 yǒu bànfǎ　好办法 hǎo bànfǎ　找办法 zhǎo bànfǎ　老办法 lǎo bànfǎ　想办法 xiǎng bànfǎ　没办法 méi bànfǎ

<仿>阅读·根据句子选择上下文

A 洗完手把筷子和碗放到桌子上。
B 外面阴天了，天气预报说会下雨，别忘了带伞。
C 别着急，我妈妈是中学老师，可以找她帮忙。
D 王阿姨和我妈妈都喜欢旅行，爱好摄影。
E 经理让你马上去他办公室一趟。

快帮我想想，有什么好**办法**可以解决问题？（　　）　　答案【C】

A 你先上楼，我去前边的超市买一瓶水。
B 雨越下越大的话，今天就不能出去玩儿了。
C 别人可以帮你一次两次，不可能每件事情都帮你。
D 照片中间的这个人是你姐姐吗？
E 当然。我们先坐公共汽车，然后换地铁。
F 今天的作业我有一个句子不明白，你教教我吧。

所以遇到问题要学会自己想**办法**解决。（　　）　　答案【C】

<仿>阅读·选择词语完成句子或对话

A 经理　B 其他　C **办法**　D 举行　E 声音　F 回答

一直到下课，同学们也没想出好（　　）来。　　答案【C】

<仿>阅读·阅读句子选择正确答案

出国留学，我们要学着自己解决问题，不能像以前一样，什么事情都问爸爸、妈妈，什么事情都请别人帮忙，因为有些事情只能自己去选择和决定。

★根据这段话，遇到事情应该：

A 问家人　　B 请朋友帮忙　　C 自己想**办法**　　答案【C】

【办公室】 bàngōngshì 名 办公的房间。office

扩展与搭配 那个办公室 nàge bàngōngshì　老师办公室 lǎoshī bàngōngshì　经理办公室 jīnglǐ bàngōngshì　校长办公室 xiàozhǎng bàngōngshì　办公室里 bàngōngshì li　换办公室 huàn bàngōngshì

<仿>阅读 · 根据句子选择上下文

A 是不是忘在王老师**办公室**了？咱们打个电话问问吧。

B 天气这么冷，你怎么还吃冰激凌啊？

C 我们都很好，你自己在中国也要注意身体。

D 是因为我妈妈高，她有一米七呢。

E 你上星期不是回国了吗？

我记得把词典放进包里了，怎么没有呢？（　　）　　答案【A】

A 这个月 26 号前完成，有没有问题？

B 欢迎欢迎！您教哪个年级数学课？

C 我中午 11 点的飞机，下午 2:30 到北京。

D 刚才还是晴天，过一会儿天就阴了，可能要下雨。

E 路上小心点儿，到你姐姐那儿记得打电话回来。

我介绍一下，这是万老师，咱们**办公室**新来的同事。（　　）　　答案【B】

<仿>阅读 · 阅读句子选择正确答案

有些年轻人工作到下午三四点的时候，经常会觉得有点儿累或者有点儿饿。所以公司会在**办公室**旁边准备一个房间，里面准备了咖啡和一些吃的东西，大家可以去喝点儿咖啡、吃点儿点心，休息一下。

★根据这段话，公司里有：

A **办公室**　　B 休息室　　C 健身房　　答案【B】

【电子邮件】 diànzǐ yóujiàn 在网上传递的邮件，通过电子信箱发出或收到的，也叫“电邮”。email

扩展与搭配 发电子邮件 fā diànzǐ yóujiàn　打开电子邮件 dǎkāi diànzǐ yóujiàn　写电子邮件 xiě diànzǐ yóujiàn　查电子邮件 chá diànzǐ yóujiàn　收到电子邮件 shōudào diànzǐ yóujiàn　看电子邮件 kàn diànzǐ yóujiàn

<仿>听力 · 听对话选择正确答案

男：这个游戏特别好玩儿，你快来看。

女：等等，我先查查**电子邮件**。

问：关于他们，可以知道什么？

A 在上网　　B 在做作业　　C 在看电视　　答案【A】

<仿>阅读 · 根据句子选择上下文

A 不用了，我打电话叫了搬家公司。

B 我帮你去把报纸拿上来，你写作业吧。

C 应该互相关心、互相帮助。

D 别着急，还有一个多小时呢，来得及。

E 还是发邮箱里面吧，我在电脑上看。

好的，我发完**电子邮件**就用微信告诉你。（　　）　　答案【E】

<仿>阅读 · 选择词语完成句子或对话

A 当然　B 蛋糕　C 节日　D 爱好　E 护照　F **电子邮件**

你上次给我发的（　　）怎么打不开了？你再给我重发一次吧。　　答案【F】

【会议】 huìyì 名 有组织、有领导地商议事情的集会。conference, meeting

扩展与搭配　会议开始 huìyì kāishǐ　会议结束 huìyì jiéshù　会议室 huìyìshì
工作会议 gōngzuò huìyì　会议时间 huìyì shíjiān
会议地点 huìyì dìdiǎn　参加会议 cānjiā huìyì

<仿>阅读 · 选择词语完成句子或对话

A 像　B 其他　C **会议**　D 提高　E 举行　F 声音

（　　）一结束，经理就和小王去机场接客人了。　　答案【C】

A **会议**　B 疼　C 一共　D 爱好　E 中文　F 瓶

A：经理，李先生已经到了，正在（　　）室等您呢。

B：好，给他倒一杯茶，我马上过去。　　答案【A】

<仿>阅读 · 阅读句子选择正确答案

公司今天举办年会，好几个大公司的经理都要来参加。昨天晚上我又看了一遍公司发展情况的介绍，睡晚了，今早起床时已经8点多了，我连脸都没好好儿洗就坐出租车到了公司。等电梯时看墙上的表，已经8:45了，**会议**还有15分钟就要开始了。

★**会议**几点开始？

A 8点多　　B 8:45　　C 9:00　　答案【C】

<仿>书写 · 根据拼音写汉字

yì

小王，经理让我告诉你，会（　　）时间改成9:30了。　　答案【议】

【经理】 jīnglǐ 名 负责管理企业的人。manager

扩展与搭配　当经理 dāng jīnglǐ　　总经理 zǒng jīnglǐ　　王经理 Wáng jīnglǐ
公司经理 gōngsī jīnglǐ　　部门经理 bùmén jīnglǐ

<仿>阅读 · 根据句子选择上下文

A 路上小心，到了北京就打电话回来。

B 你帮我跟**经理**说一声，好吗？

C 这不是邻居家的小猫吗？

D 别着急，飞机还有一个多小时才起飞呢。

E 对不起，**经理**正在开会，您半小时后再打过来吧。

我昨天感冒了，现在发烧、头疼，今天上午我要去医院看看。（　　）　答案【B】

<仿>阅读 · 阅读句子选择正确答案

经理，我觉得店里工作人员还是有点儿少，现在来店里看车的客人越来越多，特别是双休日，大家经常忙不过来，您看周末要不要多几个同事加班？

★说话人是什么意思？

A 工作人员很忙　　B 工作太累　　C 工资太低　　答案【A】

【同事】 tóngshì 名 在同一单位工作的人。colleague

扩展与搭配　我的同事 wǒ de tóngshì　　同事们 tóngshìmen　　老同事 lǎo tóngshì
关心同事 guānxīn tóngshì　　新来的同事 xīn lái de tóngshì
公司的同事 gōngsī de tóngshì　　和同事一起去 hé tóngshì yìqǐ qù
成了同事 chéngle tóngshì

<仿>听力 · 听对话选择正确答案

女：刚才在电梯里和你打招呼的那个女孩是谁？

男：你说戴眼镜那个吗？是我以前的**同事**，结婚后就不工作了。

问：戴眼镜的女孩是男的的什么人？

A 公司的职员　　B 妻子　　C 过去的**同事**　　答案【C】

<仿>阅读·根据句子选择上下文

A 这个月 26 号前完成，有没有问题？

B 欢迎！王校长昨天就告诉我们办公室的老师了。

C 我下午两点半到北京，你来车站接我一趟吧。

D 刚才还是晴天，过一会儿天就阴了，可能要下雨。

E 走路要注意安全，不要一边走一边看手机。

我介绍一下，这是小李老师，新来的**同事**，大学刚毕业。（　　）　　答案【B】

<仿>阅读·阅读句子选择正确答案

麦克是我们学校的英语外教，在这儿工作三年了。他边教英语边学习汉语，**同事**们都觉得他的汉语水平可以去参加 HSK 六级考试了。

★**同事**们认为迈克：

A 很热情　　B 汉语水平不错　　C 工作很努力　　答案【B】

【完成】 wánchéng 动 指把某件事做完。complete, finish

扩展与搭配　没有完成 méiyǒu wánchéng　　完成作业 wánchéng zuòyè

完成工作 wánchéng gōngzuò　　完成得好 wánchéng de hǎo

<仿>阅读·根据句子选择上下文

A 这个月 26 号前**完成**，有没有问题？

B 欢迎欢迎！您教哪个年级数学课？

C 儿子，快点儿做作业，下午我们去奶奶家吃饭。

D 刚才还是晴天，过一会儿天就阴了，可能要下雨。

E 路上小心点儿，到你姐姐那儿记得打电话回来。

妈妈，我的作业早就**完成**了。（　　）　　答案【C】

A 今天下班前**完成**，有问题吗？

B 欢迎欢迎！您教哪个年级数学课？

C 我下午两点半到沈阳，来车站接我一趟吧。

D 刚才还是晴天，过一会儿天就阴了，可能要下雨。

E 路上小心点儿，不要边走边看手机。

应该可以，您放心吧。（　　）　　答案【A】

<仿>阅读 · 选择词语完成句子或对话

A 起飞　B 问题　C 节目　D 爱好　E **完成**　F 介绍

A：经理要求我们 21:00 前把资料给美国公司发过去，看来今天得加班了。

B：没问题，一定能按时（　　）。　答案【E】

8 交通

【船】 chuán [名] 水上主要运输工具。boat, ship

扩展与搭配 一条船 yì tiáo chuán　纸船 zhǐchuán　上船 shàng chuán
下船 xià chuán　坐船 zuò chuán　划船 huá chuán
开船 kāi chuán　船头 chuántóu　船只 chuánzhī

<仿>听力·听对话选择正确答案

男：妈妈你看，湖里有一座小房子。
女：好儿子，妈妈告诉你，那不是房子，是一条**船**。
问：湖里有什么？
A 小房子　B 一条**船**　C 一座山　答案【B】

女：从大连到青岛，坐火车或者坐**船**都可以，你想怎么去？
男：咱们坐**船**去吧，我还没在海上旅行过呢。
问：男的想怎么去青岛？
A 坐火车　B 坐**船**　C 坐飞机　答案【B】

<仿>阅读·阅读句子选择正确答案

我们最后还是决定坐**船**去，虽然比火车慢，但是好多同学以前没坐**船**旅行过，觉得坐**船**很新鲜，海上旅行一定很有意思。

★他们觉得：
A 坐**船**去很新鲜　B 坐**船**时间短　C 坐火车慢　答案【A】

【地铁】 dìtiě [名] “地下铁道”的简称。subway

扩展与搭配 坐地铁 zuò dìtiě　乘地铁 chéng dìtiě　地铁票 dìtiěpiào
地铁站 dìtiězhàn　地铁口 dìtiěkǒu　修地铁 xiū dìtiě

<仿>听力·听句子判断正误

晚上 7 点以后，**地铁**里的人就会变少，有座位。今天完成工作后，我在公司里喝了一杯茶，看了一会儿杂志，18:45 才下楼朝**地铁**站走去。

★他今天 18:45 上了**地铁**。(　　)　　答案【×】

<仿>阅读·阅读句子选择正确答案

中午看新闻了吗？9 号线地铁明年春天就修好了，7 月就可以坐了。9 号线**地铁**经过我家附近，以后我上下班就方便多了。

★ 9 号线**地铁**：

A 离他家不远　　B 修好了　　C 离公司很近　　答案【A】

【电梯】 diàntī 名 elevator, lift

扩展与搭配　一部电梯 yí bù diàntī　电梯口 diàntīkǒu　上电梯 shàng diàntī
坐电梯 zuò diàntī　等电梯 děng diàntī　出电梯 chū diàntī
修电梯 xiū diàntī　电梯坏了 diàntī huài le

<仿>听力·听对话选择正确答案

女：等半天了，**电梯**怎么还不来？

男：这个时间，坐**电梯**的人比较多，咱们走楼梯下去可能更快些。

问：关于女的，可以知道什么？

A 在等人　　B 要迟到了　　C 在等**电梯**　　答案【C】

<仿>阅读·根据句子选择上下文

A 今天下班前必须完成，有没有问题？

B 欢迎欢迎！您教哪个年级数学课？

C 我下午两点半到沈阳，自己打车回家。

D 小王，让李经理来我办公室一趟。

E 路上小心点儿，不要边走边看手机。

他去机场接客人了，我刚才在**电梯**里看见他了。(　　)　　答案【D】

【街道】 jiēdào 名 比较宽的道路，旁边有房屋。street

扩展与搭配　一条街道 yì tiáo jiēdào　热闹的街道 rènao de jiēdào
街道很干净 jiēdào hěn gānjìng　打扫街道 dǎsǎo jiēdào

近义词　街 jiē/ 大街 dàjiē/ 道路 dàolù

<仿>阅读·阅读句子选择正确答案

我的家乡是一座小城，上大学的时候我就离开了，爸爸、妈妈退休后也来我工作的城市一起生活，我就很少回去了。去年夏天回去看叔叔，发现家乡的变化非常大。以前的矮房子不见了，都变成了高楼；**街道**变宽了，两边都是高高的树。我几乎都不认识了。

★根据这段话，可以知道：

A 家乡很美　　B 家乡变化很大　　C 爸爸、妈妈在家乡生活　　答案【B】

<仿>书写·用所给词语完成句子

在　**街道**　不要　上　踢足球　　参考答案：不要在**街道**上踢足球。

【起飞】 qǐfēi 动 飞机开始飞行。take off

扩展与搭配 飞机起飞 fēijī qǐfēi　可以起飞 kěyǐ qǐfēi　还没起飞 hái méi qǐfēi　等待起飞 děngdài qǐfēi　起飞时间 qǐfēi shíjiān

<仿>听力·听句子判断正误

小雪，飞机**起飞**前告诉爷爷、奶奶一声，不然他们会担心的。还有，你表弟今天休息，他会去机场接你。

★小雪去机场接爷爷、奶奶。（　　）　　答案【×】

<仿>阅读·选择词语完成句子或对话

A 总是　B 简单　C 一定　D **起飞**　E 声音　F 难过

请大家系好安全带，关闭手机，飞机马上就要（　　）了。　　答案【D】

A 洗澡　B 别人　C 节日　D 爱好　E **起飞**　F 接

A：飞机还有20分钟就要（　　）了。

B：这种天气没有影响吗？　　答案【E】

A 记得　B 坏　C 热情　D 爱好　E 祝　F **起飞**

A：儿子，你姐姐的飞机要到了吧，你怎么还不去机场接她呢？

B：妈妈，姐姐的飞机刚刚（　　），两个小时后才到呢。　　答案【F】

【司机】 sījī 名 火车、汽车和电车上开车的人。driver

扩展与搭配 火车司机 huǒchē sījī　出租车司机 chūzūchē sījī　成为司机 chéngwéi sījī　这位司机 zhè wèi sījī

老司机 lǎo sījī　　　　新司机 xīn sījī

<仿> 听力 · 听句子判断正误

老师，怎么办？我的包忘在出租车上了，钱包、手机和护照都在里面。

★他是出租车**司机**。(　　)　　答案【×】

<仿> 阅读 · 根据句子选择上下文

A 图书馆马上就要关门了。

B 弟弟比我高一点儿。

C 请把菜单给我。

D 我和同事周末想去看红叶，但我们不会开车。

E 昨天的雨下得非常大，我没带伞。

你怎么忘了我呢？我可是开了 10 年车的老**司机**了。(　　)　　答案【D】

【自行车】 zìxíngchē 名 一种交通工具，骑在上面用脚踏着向前走。bike

扩展与搭配　一辆自行车 yí liàng zìxíngchē　　新自行车 xīn zìxíngchē

骑自行车 qí zìxíngchē　　买自行车 mǎi zìxíngchē

修自行车 xiū zìxíngchē　　自行车丢了 zìxíngchē diū le

<仿> 听力 · 听句子判断正误

小时候家里有一辆**自行车**，爸爸每天都骑车上下班，我和哥哥也想像爸爸一样骑**自行车**。

★爸爸买了一辆**自行车**。(　　)　　答案【×】

<仿> 听力 · 听对话选择正确答案

男：爸爸这么早就下班了？他的**自行车**在院子里呢。

女：你爸爸今天身体不舒服，没去上班。

问：男的的爸爸今天怎么了？

A 下班早了　　B 去修**自行车**了　　C 身体不舒服　　答案【C】

男：小妹，爸爸呢？怎么没看见他？

女：哥哥你回来了，爸爸在后院修理**自行车**呢！

问：爸爸在做什么？

A 洗衣服　　B 修**自行车**　　C 打扫房间　　答案【B】

<仿>阅读·选择词语完成句子或对话

A 参加　B 米　C **自行车**　D 爱好　E 洗手间　F 当然

A：你怎么这么晚才到？

B：对不起，我的（　　）半路突然坏了。　答案【C】

<仿>书写·用所给词语完成句子

邻居　**自行车**　被　借走了　参考答案：**自行车**被邻居借走了。

去香山　看红叶　同学们　打算　骑**自行车**

参考答案：同学们打算骑**自行车**去香山看红叶。

9 教学

【班】 bān 名（a）为了学习组成的组织。class（b）一天内规定的工作时间。duty, shift

扩展与搭配 中级班 zhōngjíbān　高级班 gāojíbān　学习班 xuéxíbān　上班 shàngbān　下班 xiàbān

<仿>听力·听对话选择正确答案

女：这件事情电话里说不清楚，我们见面再说吧。

男：好，下了**班**我去接你。

问：他们下**班**后做什么？

A 打电话　B 见面　C 接飞机　答案【B】

<仿>阅读·根据句子选择上下文

A 你去书桌那里找一下。

B 我也觉得你应该早点儿出发。

C 这么做会影响师生之间的关系。

D 客人马上就要到了，你到门口去接一下。

E 当然。我们先坐公共汽车，然后换地铁。

F 麦克，你们**班**谁学习最努力？

当然是直美了，她每天下午都去图书馆学习。（　　）　答案【F】

A 不明白的话，我再讲一遍。

B 遇到问题时不要着急，可以请同学帮忙。

C 晚上去机场接王经理。

D 图书馆里比较安静，我喜欢在那儿看书。

E 儿子早点儿休息吧，明天还要上**班**呢。

知道了妈妈，我刷完牙、洗完脸就睡。（　　）　答案【E】

【笔记本】 bǐjìběn 名（a）用来记笔记的本子。notebook（b）指笔记本式计算机。laptop

扩展与搭配 用笔记本 yòng bǐjìběn　买笔记本 mǎi bǐjìběn
笔记本电脑 bǐjìběn diànnǎo

<仿>听力·听对话选择正确答案

男：明天出差，带上**笔记本**吧，用自己的方便。
女：好的经理，我现在就放进包里。
问：他们在说什么？
A 书　B 电脑　C 包　答案【B】

<仿>书写·用所给词语完成句子

把　**笔记本**　这句话　在　上　写　参考答案：把这句话写在**笔记本**上。

【成绩】 chéngjì 名 工作或学习的收获。performance, achievement

扩展与搭配 好成绩 hǎo chéngjì　学习成绩 xuéxí chéngjì
成绩不好 chéngjì bù hǎo　提高成绩 tígāo chéngjì
取得成绩 qǔdé chéngjì

<仿>听力·听对话选择正确答案

男：我同学打电话叫我去踢足球。
女：明天就考试了，你不复习能取得好**成绩**吗？
问：女的是什么意思？
A 不用复习　B 应该复习　C 要打电话　答案【B】

女：HSK 考试的结果出来了，听说玛丽过了三级，得了 285 分。
男：**成绩**真好啊，你看看我，和她是同学，才得了 210 分。
女：如果你每天都努力学习的话，成绩也会提高的。
男：好，从今天起，我要向玛丽学习。
问：关于玛丽，可以知道什么？
A 昨天考试了　B 考试**成绩**很好　C 常帮助同学　答案【B】

<仿>阅读·阅读句子选择正确答案

哥哥小时候不喜欢学习，**成绩**也不好。别的同学都上课去了，他还在操场踢球。老师经常批评他，还把爸爸、妈妈找到学校去。初中毕业后他没读高中，去工厂上班了。

★哥哥小时候：
A 喜欢学习　B 喜欢打篮球　C **成绩**不好　答案【C】

<仿>书写·用所给词语完成句子

提高　HSK　**成绩**　才能　怎么　呢　　参考答案：怎么才能提高 HSK **成绩**呢？

【迟到】 chídào 动 到的比规定的时间晚。be late

扩展与搭配　迟到了 chídào le　快迟到了 kuài chídào le　没迟到 méi chídào
会迟到 huì chídào　不想迟到 bù xiǎng chídào
上课迟到 shàngkè chídào　开会迟到 kāihuì chídào

<仿>听力·听句子判断正误

不用着急，从宿舍到教学楼快走只要十分钟，我们上课不会晚的。

★他觉得会**迟到**。（　　）　答案【×】

<仿>阅读·根据句子选择上下文

A 我也是来这个城市旅行的，你再问问其他人吧。

B 把西瓜放进冰箱里，一会儿客人来的时候就可以吃了。

C 明天上午的会议很重要，你一定别**迟到**。

D 哥哥小时候不喜欢学习，成绩也不好。

E 你在这里上了四年大学，对这个地方应该很了解。

好，我明天 7 点就从家里出来，坐地铁来公司。（　　）　答案【C】

<仿>阅读·阅读句子选择正确答案

早上我在车站等了 20 多分钟，我要坐的那辆公共汽车也没来。我可不想第一天上班就**迟到**，就坐出租车来公司了。

★他为什么坐出租车来公司？

A 第一天上班　B 起床晚了　C 不想**迟到**　答案【C】

【词典】 cídiǎn 名 收集词汇加以解释以供查阅的参考书。dictionary

扩展与搭配　一本词典 yì běn cídiǎn　买词典 mǎi cídiǎn　用词典 yòng cídiǎn
找词典 zhǎo cídiǎn　借词典 jiè cídiǎn　查词典 chá cídiǎn

<仿>听力·听对话选择正确答案

男：玛丽，我一会儿去书店买**词典**，一起去吧。

女：真对不起，我跟同学约好了下午去图书馆借书。

问：男的要去做什么？

A 买**词典**　B 借书　C 还书　答案【A】

<仿>阅读 · 根据句子选择上下文

A 每天晚饭后，爸爸都要在书房里看半小时报纸。

B 能用一下你的**词典**吗？我的太旧了，查不到。

C 我们毕业后就没见过面了，到现在有七八年了吧？

D 你在这儿休息一下，我去前面超市买一瓶水。

E 这件衬衫真漂亮，一定很贵吧。

自己拿，在书架上呢，左边第三排。（　　）　答案【B】

A 天怎么这么黑。

B 我还是想去书店买本**词典**，我不太习惯用手机**词典**。

C 大城市的工作机会比较多。

D 你先写作业，我去医院给奶奶送饭。

E 妈妈，我那件蓝色的衬衫呢？

你可以在网上买，两天左右就可以寄到宿舍了。（　　）　答案【B】

<仿>阅读 · 阅读句子选择正确答案

看书时遇到不认识的汉字，比如历史上的人名或者国家的名字，以前需要查**词典**，上学也要带一本厚厚的**词典**，现在有手机**词典**了，查起来方便多了。

★现在人们遇到不认识的字会：

A 问老师　B 问同学　C 查手机　答案【C】

【复习】 fùxí 动 重复学习学过的东西。review

扩展与搭配　没复习 méi fùxí　复习课文 fùxí kèwén　复习生词 fùxí shēngcí　复习得好 fùxí de hǎo　复习一下 fùxí yíxià

<仿>听力 · 听句子判断正误

下周就要考试了，直美**复习**得很好，但田中前几天病了，有两课没学过。直美告诉田中别着急，明天可以一起**复习**，不清楚的地方直美会告诉田中的。

★直美和田中正在**复习**，准备考试。（　　）　答案【×】

<仿>听力 · 听对话选择正确答案

女：把牛奶喝了，去睡觉吧，别太累了。

男：知道了，妈妈，我想再看会儿书，**复习**一下。

问：妈妈让儿子做什么？

A 休息　B **复习**　C 洗澡　答案【A】

<仿>阅读·选择词语完成句子或对话

A 简单　B 举行　C 像　D **复习**　E 声音　F 附近

下周一上午考历史，你（　　）得怎么样了？　答案【D】

【**黑板**】hēibǎn 名 用木头或玻璃制成的可以在上面用粉笔写字的平板，一般为黑色或绿色。blackboard

扩展与搭配　擦黑板 cā hēibǎn　看黑板 kàn hēibǎn　黑板擦 hēibǎncā
在黑板上写字 zài hēibǎn shang xiě zì
黑板上的问题 hēibǎn shang de wèntí
把黑板擦干净 bǎ hēibǎn cā gānjìng

<仿>听力·听句子判断正误

同学们，请大家看**黑板**，用今天学的这些词语，写一段话，明天上课的时候老师检查。

★老师让同学们看**黑板**。（　　）　答案【√】

<仿>阅读·选择词语完成句子或对话

A 在　B 擦　C 干净　D 提高　E 声音　F **黑板**

老师让直美在（　　）上写一个句子。　答案【F】

<仿>书写·用所给词语完成句子

同学们　**黑板**上的　看得　清楚　词语　吗

参考答案：**黑板**上的词语同学们看得清楚吗？/
同学们看得清楚**黑板**上的词语吗？/
同学们，**黑板**上的词语看得清楚吗？

【**回答**】huídá 动 对问题进行解释或对要求表示意见。answer

扩展与搭配　没回答 méi huídá　回答问题 huídá wèntí　回答得好 huídá de hǎo
开始回答 kāishǐ huídá　回答正确 huídá zhèngquè
学生的回答 xuésheng de huídá

<仿>听力·听句子判断正误

同学们，谁能告诉我黑板上这个句子的意思？

★老师正在让学生**回答**问题。（　　）　答案【√】

<仿>阅读 · 选择词语完成句子或对话

A 向　　B 清楚　　C **回答**　　D 举办　　E 声音　　F 一直

谁能（　　）老师提的这个问题？　　答案【C】

<仿>书写 · 用所给词语完成句子

老师　对　特别　学生的**回答**　满意　　参考答案：老师对学生的**回答**特别满意。

【讲】 jiǎng 动 说，解释。speak, explain

扩展与搭配　讲话 jiǎnghuà　讲汉语 jiǎng Hànyǔ　讲故事 jiǎng gùshi
讲一次 jiǎng yí cì　讲得好 jiǎng de hǎo　讲明白 jiǎng míngbai

<仿>阅读 · 根据句子选择上下文

A 我们去爬山，记得穿运动鞋。

B 你出去的时候记得带上伞，要下雨了。

C 这张照片真好看，谁给你照的？

D 这篇课文我有些问题不懂。

E 你怎么才起床？

哪儿不明白？我给你**讲一讲**。（　　）　　答案【D】

<仿>阅读 · 选择词语完成句子或对话

A **讲**　　B 除了　　C 发现　　D 方便　　E 声音　　F 年级

每天睡觉前，女儿都要让爸爸（　　）一个故事才睡觉。　　答案【A】

<仿>阅读 · 阅读句子选择正确答案

小刘是年轻老师，大学毕业才三年，但是数学课**讲**得特别好，学生们都特别喜欢他。

★关于刘老师，可以知道什么？

A 年纪很大　　B 课**讲**得好　　C 对学生很好　　答案【B】

【教】 jiāo 动 把知识或技能传给人。teach

扩展与搭配　教学生 jiāo xuéshēng　教历史 jiāo lìshǐ　教唱歌 jiāo chàng gē
教明白 jiāo míngbai　教得好 jiāo de hǎo　教会 jiāohuì

<仿>听力 · 听对话选择正确答案

女：哥，我也想学开车。你**教**我吧。

男：你想学开车？等你过了18岁再说吧。

问：女孩让哥哥做什么？

A 开车　　B 学开车　　C **教**她开车　　答案【C】

<仿>阅读·根据句子选择上下文

A 我们去爬山，记得穿运动鞋。

B 你出去的时候记得带上伞，要下雨了。

C 这张照片真好看，谁给你照的？

D 我第一次骑马的时候害怕极了。

E 是啊，您可以**教**我吗？

你喜欢唱中国歌啊？（　　）　　答案【E】

<仿>阅读·选择词语完成句子或对话

A **教**　　B 多么　　C 公园　　D 爱好　　E 满意　　F 几乎

A：照片上这个人是你妹妹吧，她是做什么工作的？

B：她是大学老师，（　　）留学生汉语。　　答案【A】

【句子】 jùzi 名 用词或词组构成的，能够表达完整意思的语言单位。sentence

扩展与搭配　一个句子 yí gè jùzi　这个句子 zhège jùzi　很多句子 hěn duō jùzi　长句子 cháng jùzi　写句子 xiě jùzi　句子中 jùzi zhōng　练习说句子 liànxí shuō jùzi

<仿>听力·听句子判断正误

有些留学生认为自己的汉语学得不错，课文中的**句子**他们一看就懂，可是一说就错。

★有些学生汉语**句子**说错了。（　　）　　答案【√】

<仿>听力·听对话选择正确答案

男：我和麦克约好去书店买词典，你去不去？

女：等我一下，我还差最后两个**句子**就写完了。

问：女的在做什么？

A 买词典　　B 买杂志　　C 做作业　　答案【C】

<仿>阅读·根据句子选择上下文

A 饭做好了，叫你爷爷、奶奶来吃吧。

B 要下雨了，你爸爸没带伞，去车站接他一下。

C 我家附近正在修地铁 9 号线。

D 你一直往前走，十字路口右拐就到了。

E 老师，课文中有两个**句子**我不明白，您再给我讲讲吧。

好的，我们先看前面这句话。(　　)　　答案【E】

【历史】 lìshǐ [名] 自然界和人类社会的发展过程；事物的发展过程或个人的经历。history

扩展与搭配　一段历史 yí duàn lìshǐ　几百年的历史 jǐbǎi nián de lìshǐ　中国历史 Zhōngguó lìshǐ　历史故事 lìshǐ gùshi　历史人物 lìshǐ rénwù　历史老师 lìshǐ lǎoshī　历史课本 lìshǐ kèběn　讲历史 jiǎng lìshǐ　上历史课 shàng lìshǐkè　对历史感兴趣 duì lìshǐ gǎn xìngqù　人类的历史 rénlèi de lìshǐ

<仿>听力·听句子判断正误

在爸爸的影响下，我从小就对**历史**感兴趣。刚开始认识的汉字不多，就读**历史**故事，后来长大了就看**历史**书，我最喜欢的**历史**人物是秦始皇。

★我喜欢**历史**是受了爸爸的影响。(　　)　　答案【√】

<仿>听力·听对话选择正确答案

女：你让我看的那本书我终于看完了。

男：是那本《中国**历史**》吗？

女：对，《中国**历史**》课本。

男：你最喜欢哪一段**历史**？

女：我最喜欢汉朝那段**历史**。

问：女的看的是哪本书？

A《中国**历史**》　　B《汉朝》　　C《汉语书》　　答案【A】

<仿>阅读·阅读句子选择正确答案

你说中间那个黄色小碗，有好几百年的**历史**了，真的假的？不是开玩笑吧？

★他们在说那个碗的：

A **历史**　　B 真假　　C 颜色　　答案【A】

看，这个盒子里面是我家的老照片，大部分是黑白照片，有些照片因为时间太长，都变黄了。现在小孩子们都不感兴趣了，其实这些照片就是我们家的**历史**啊。

★他们在说什么？

A 盒子　　B 照片　　C **历史**　　答案【B】

【练习】 liànxí ① [动] 反复学习。practise ② [名] 为了取得更好的学习效果而安排的作业等。exercise

扩展与搭配 练习书法 liànxí shūfǎ　　练习画画儿 liànxí huà huàr
练习口语 liànxí kǒuyǔ
做课后练习 zuò kèhòu liànxí　　练习本 liànxíběn
练习题 liànxítí

<仿>阅读·根据句子选择上下文

A 这次的考试太难了。
B 雨越下越大了，我们在教室里等一会儿再走吧。
C 吃了早饭就去医院看小雨。
D 您一直走，第二个路口左拐。
E 昨天的**练习**我做完了，可是没都做对。
哪些做错了？我们去问问老师吧。(　　)　　答案【E】

A 王老师教我们汉语。
B 您先休息吧，我做完作业就去睡。
C 听说保罗对京剧感兴趣。
D 你看见玛丽了吗？
E 喂，路上车比较多，我可能晚点儿才能到机场。
刚才我去她宿舍的时候，她正在**练习**书法呢。(　　)　　答案【D】

【留学】 liú//xué 动 在外国学习或研究。study abroad

扩展与搭配 留学生 liúxuéshēng　　在中国留学 zài Zhōngguó liúxué
留学生活 liúxué shēnghuó

<仿>听力·听句子判断正误

中国在世界上的影响力越来越大了，越来越多国家的学生选择来中国**留学**。他们不仅学习汉语，很多人还来中国学习专业课程，如医学、化学等等。

★**留学**生来中国只学习汉语。(　　)　　答案【×】

<仿>听力·听对话选择正确答案

女：你在中国的学习、生活怎么样？
男：除了上课，学校还举办各种各样的活动，让**留学**生了解和学习中国文化。
问：**留学**生除了上课还做什么？
A 旅行　　B 举办活动　　C 参加活动　　答案【C】

<仿>阅读·阅读句子选择正确答案

我在沈阳师范大学国际教育学院学习，每天和来自世界各国的同学们一起学习，特别开心。老师们不但教我们汉语，还关心我们的生活，我的**留学**生活特别有意思。

★下列哪个正确？

A“我”想回家　　B“我”是**留学**生　　C“我”喜欢旅行　　答案【B】

<仿>书写·用所给词语完成句子

旅游　组织　学校　去外地　**留学**生　　参考答案：学校组织**留学**生去外地旅游。

【楼】 lóu 名（a）两层以上的房子。storeyed building（b）楼房的一层。floor

扩展与搭配　大楼 dà lóu　高楼 gāo lóu　楼上 lóu shàng　楼下 lóu xià　上楼 shàng lóu　下楼 xià lóu　三楼 sān lóu

<仿>阅读·根据句子选择上下文

A 你多长时间没跟妈妈通话了？
B 换上运动鞋，到**楼**下去走走吧。
C 中国就在我们东边。
D 学习结束后我打算去旅行。
E 真奇怪，怎么找不到了，你看见没？

好久没有一起去散步了。（　　）　　答案【B】

A 你下课以后去哪儿？
B 学校附近有个小公园。
C 那座高**楼**是什么地方？
D 学习结束后我打算回国。
E 刚才天还很好呢，怎么现在下雨了？

是南京市图书馆，刚建成两年。（　　）　　答案【C】

<仿>阅读·选择词语完成句子或对话

爸，我刚才在**楼**下遇见小王叔叔了，他回国了，瘦了很多，一开始我都没认出来。他说，不习惯外国的气候和食物，在国外特别想念四川的火锅。

★他在哪里见到的王叔叔？

A **楼**下　　B 国外　　C 四川　　答案【A】

【年级】 niánjí 名 学校中根据学生修业年限分成的班级。grade

扩展与搭配 高年级 gāo niánjí　三年级 sān niánjí　几年级 jǐ niánjí
哪个年级 nǎge niánjí　不同年级 bù tóng niánjí

<仿>阅读·选择词语完成句子或对话

A 讲　B 篮　C 健康　D 适应　E 声音　F **年级**

弟弟的孩子今年 7 岁，已经上小学二（　　）了。　答案【F】

<仿>阅读·阅读句子选择正确答案

这张照片是我 13 岁那年照的，那时正在读小学五**年级**，现在我都工作两年了。这次回来，同学们见到我都说，快认不出我来了。

★关于"我"，下列哪个正确？

A 读五**年级**　B 大学刚毕业　C 工作了　答案【C】

小学三**年级**的时候，我们班来了新的数学老师，他的女儿跟我们一个班，她聪明而且漂亮，学习成绩特别好。

★数学老师的女儿：

A 不喜欢学数学　B 爱好唱歌　C 和"我"一个**年级**　答案【C】

【请假】 qǐng//jià 动 因病或因事请求准许在一定时期内不工作或不学习。ask for leave

扩展与搭配 没请假 méi qǐngjià　请假原因 qǐngjià yuányīn
向老师请假 xiàng lǎoshī qǐngjià　需要请假 xūyào qǐngjià
请了三天假 qǐngle sān tiān jià　请过假 qǐngguo jià

<仿>听力·听句子判断正误

小李，我妈妈生病了，我得陪她去医院看病，刚才给王经理打电话他没接，麻烦你帮我跟他请个假，谢谢。

★他让小李帮他**请假**。（　　）　答案【√】

<仿>听力·听对话选择正确答案

男：这星期怎么没见保罗来上课？

女：他**请**了一周**假**，回国了。

男：怎么了？他家里有什么事情吗？

女：不是，公司让他回去一趟。

问：保罗为什么没来上课？

A 回公司了　B 去医院了　C 回国了　答案【C】

女：儿子，身体不舒服的话，今天就别上学了。

男：妈妈，今天的课特别重要，我不能不去。

女：身体也很重要啊，我给王老师打电话**请**个**假**。

男：不用了，我吃了药好多了，可以上学。

问：男的怎么了？

A 不想上学　　B **请假**了　　C 生病了　　答案【C】

【数学】 shùxué 名 mathematics

扩展与搭配 数学老师 shùxué lǎoshī　数学家 shùxuéjiā　数学书 shùxuéshū
数学课 shùxuékè　数学成绩 shùxué chéngjì
教数学 jiāo shùxué　喜欢数学 xǐhuan shùxué

<仿>听力·听对话选择正确答案

男：明天上午考**数学**，你复习得怎么样了？

女：差不多了，不过越复习觉得不会的地方越多。

问：明天上午考什么？

A **数学**　　B 化学　　C 历史　　答案【A】

<仿>阅读·选择词语完成句子或对话

A 其实　B 水平　C 努力　D 爱好　E 要求　F **数学**

A：哥，练习里的这个（　　）题怎么做啊？

B：这道题其实很简单，我教你。　　答案【F】

【水平】 shuǐpíng 名 在生产、生活、文化、艺术等方面所达到的高度。level, proficiency

扩展与搭配 汉语水平 Hànyǔ shuǐpíng　普通话水平 pǔtōnghuà shuǐpíng
有水平 yǒu shuǐpíng　提高水平 tígāo shuǐpíng
水平很高 shuǐpíng hěn gāo

<仿>听力·听对话选择正确答案

男：你们猜猜这次数学比赛谁会得第一？

女：不知道，这次参赛同学的**水平**都很高。

问：女的认为参加比赛的同学怎么样？

A **水平**高　　B 不知道　　C 能得第一　　答案【A】

<仿>阅读·根据句子选择上下文

A 时间过得真快，下周我就要回国了。

B 她刚来中国半年多，没想到汉语**水平**提高得这么快！

C 下周有汉语考试，我们班同学都在复习。

D 看见我的铅笔了没有？

E 去机场的车比较多，我们吃完早饭就出发吧。

玛丽通过了 HSK 四级！（　　）　　答案【B】

<仿>阅读·阅读句子选择正确答案

大卫在北京工作三年了。他一边工作一边学习汉语，参加了汉语**水平**考试，顺利通过了 HSK 四级。大家都知道，出租车司机说话很快，可是他昨天跟出租车司机聊得可开心了。

★关于大卫，可以知道什么？

A 很热情　　B 汉语**水平**高　　C 喜欢聊天儿　　答案【B】

这几年，我的汉语**水平**没有什么提高，虽然经常看中文报纸和电影，但是我身边的汉语环境不好，很少有机会说汉语。

★关于说话人，可以知道什么？

A 汉语说得很好　　B 喜欢看中文报纸　　C 中文**水平**没进步　　答案【C】

【提高】 tí//gāo 动 使位置、程度、水平、质量、数量等方面比原来高。improve

扩展与搭配　没提高 méi tígāo　　有提高 yǒu tígāo

提高汉语水平 tígāo Hànyǔ shuǐpíng　　提高成绩 tígāo chéngjì

得到提高 dédào tígāo　　提高得快 tígāo de kuài

<仿>阅读·根据句子选择上下文

A 田芳下个月去云南旅行。

B 好，我看完这个节目就去睡。

C 他每天都认真上课，下课就去图书馆看书。

D 你看见我的词典了吗？这个词的意思我不懂。

E 当然。我们先坐公共汽车，然后换地铁。

F 去机场前再检查一下，别忘了带护照。

他的学习成绩有了很大**提高**。（　　）　　答案【C】

<仿>阅读·选择词语完成句子或对话

A 马上　　B 成绩　　C 其他　　D 爱好　　E **提高**　　F 张

A：和上学期比，我发现你的口语水平（　　）了很多！

B：我每天都看中文报纸，坚持每天和中国朋友聊半个小时天儿。 答案【E】

A **提高**　B 结束　C 排队　D 公园　E 声音　F 小心

为了更好地在中国学习和生活，我必须（　　）自己的汉语水平。 答案【A】

<仿>阅读·阅读句子选择正确答案

这几年，她的汉语进步了不少，对中国的了解也越来越多，这跟她经常看中文报纸和电影有很大关系。这次她来中国学习半年，是为了更好地**提高**汉语水平。

★她来中国想：

A 学唱中文歌　B 看中国电影　C **提高**汉语水平 答案【C】

<仿>书写·用所给词语完成句子

提高　他的　很大　听力水平　有　　参考答案：他的听力水平有很大**提高**。

【体育】 tǐyù 名 physical education (P.E.)

扩展与搭配　体育课 tǐyùkè　喜欢体育 xǐhuan tǐyù　体育运动 tǐyù yùndòng　体育大学 tǐyù dàxué　爱好体育 àihào tǐyù　体育馆 tǐyùguǎn　体育水平 tǐyù shuǐpíng

<仿>听力·听句子判断正误

小丽今天身体不舒服，可是她还是去上**体育**课了，老师发现她脸色不好，就让她坐在旁边休息，看同学们打篮球。

★小丽没去上**体育**课。（　　） 答案【×】

<仿>听力·听对话选择正确答案

男：妈，我在跟同学打篮球，一会儿就回去。

女：你明天考试，玩儿一个小时就回来吧。

问：男的最可能在哪儿？

A 咖啡馆　B 医院　C **体育**馆 答案【C】

<仿>阅读·阅读句子选择正确答案

一般来说，女孩都喜欢穿裙子，爱唱歌、跳舞。但我女儿小时候就像个男孩一样，喜欢运动，下午没课就去操场和男同学踢足球，高中毕业后考上了**体育**大学。

★她女儿：

A 喜欢跳舞　B 喜欢唱歌　C 喜欢**体育** 答案【C】

【图书馆】 túshūguǎn 名 收集、整理和保存图书资料，可以让人阅读参考的机构。library

扩展与搭配 一座图书馆 yí zuò túshūguǎn　国家图书馆 Guójiā Túshūguǎn
图书馆很大 túshūguǎn hěn dà　图书馆很安静 túshūguǎn hěn ānjìng
图书馆的书 túshūguǎn de shū　去图书馆 qù túshūguǎn
在图书馆 zài túshūguǎn　图书馆里 túshūguǎn li

<仿>听力 · 听对话选择正确答案

男：看见我同屋保罗了吗？教室和咖啡馆都没有。

女：刚才我回来的时候，他还在**图书馆**看书呢。

问：在哪儿可以找到保罗？

A 咖啡馆　B **图书馆**　C 教室　答案【B】

<仿>阅读 · 根据句子选择上下文

A 老王的儿子下个月去法国。

B 好，我看完这个节目就去睡。

C 下午没课的时候，我就去**图书馆**看书。

D 你看见我的词典了吗？这个词的意思我不懂。

E 当然。我们先坐公共汽车，然后换地铁。

F 去机场前再检查一下，别忘了带护照。

那里人虽然多，但是特别安静。(　　)　答案【C】

<仿>阅读 · 选择词语完成句子或对话

A 提高　B **图书馆**　C 影响　D 爱好　E 习惯　F 搬

A：我想去（　　）借书，你跟我一起去吗？

B：抱歉，老师让我去她办公室一趟。　答案【B】

【文化】wénhuà 名 culture

扩展与搭配 中国文化 Zhōngguó wénhuà　世界文化 shìjiè wénhuà
外国文化 wàiguó wénhuà　东方文化 Dōngfāng wénhuà
文化不同 wénhuà bù tóng　校园文化 xiàoyuán wénhuà
公司文化 gōngsī wénhuà　文化中心 wénhuà zhōngxīn
文化生活 wénhuà shēnghuó　文化工作者 wénhuà gōngzuòzhě

<仿>听力 · 听对话选择正确答案

男：您为什么选择来中国旅行？

女：我退休前是大学老师，对中国**文化**特别感兴趣。

问：女的为什么来中国？

A 喜欢汉语　　　　B 喜欢风景　　　　C 喜欢中国**文化**　　　　答案【C】

<仿>阅读·阅读句子选择正确答案

为了丰富留学生的业余**文化**生活，我们学院每周都举办汉语角。这样留学生不仅可以和中国学生交流，练习汉语，还可以学习和体验中国**文化**。

★根据这段话，汉语角可以：

A 发展兴趣　　　　B 学习中国**文化**　　　　C 交朋友　　　　答案【B】

【校长】 xiàozhǎng 名 president (of a college or university), principal, headmaster

扩展与搭配　王校长 Wáng xiàozhǎng　　大学校长 dàxué xiàozhǎng
中 / 小学校长 zhōng/xiǎoxué xiàozhǎng　　校长办公室 xiàozhǎng bàngōngshì
校长讲话 xiàozhǎng jiǎnghuà

<仿>阅读·根据句子选择上下文

A 老师们正在解决，放心吧，**校长**。

B 周末一起去看足球比赛吧，我在网上买票。

C 家里没有牛奶了，你下班回来的路上顺便买一箱吧。

D 小王新婚快乐！快发喜糖！

E 我以前的邻居现在是我妻子哥哥的同事，世界真小。

昨天会上学生们提的问题要认真解决。(　　)　　　　答案【A】

<仿>阅读·阅读句子选择正确答案

老王 70 多岁了，退休前是中学**校长**。他告诉我们，教育学生，首先要尊重学生，其次要像父母一样爱他们，还要像朋友一样和他们交流，要忘了你是**校长**。

★王校长认为，教育学生应该：

A 像校长　　　　B 像父母　　　　C 像老师　　　　答案【B】

【中文】 Zhōngwén 名 中国语言文字，特指汉语的语言文字。Chinese (language)

扩展与搭配　中文课 zhōngwénkè　　中文报纸 Zhōngwén bàozhǐ
中文教师 Zhōngwén jiàoshī　　中文歌 zhōngwéngē
中文水平 Zhōngwén shuǐpíng　　学中文 xué Zhōngwén
教中文 jiāo Zhōngwén

<仿>阅读·选择词语完成句子或对话

A 差不多　B 问题　　C 其他　　D 爱好　　E **中文**　　F 本

A：老师，汉语水平怎样才能提高得更快呢？

B：除了上课，每天坚持看（　　）报纸，或者听半个小时的新闻。　　答案【E】

<仿>阅读·阅读句子选择正确答案

除了上课、学中文歌、看**中文**报纸和电影，与中国人聊天儿也是学习**中文**的一种方式，对提高汉语水平有好处。

★提高汉语水平的办法，下列哪个没提到？

A 查词典　　B 看**中文**电影　　C 和中国人聊天儿　　答案【A】

<仿>书写·用所给词语完成句子

同学们　老师　**中文**　唱　教　歌　　参考答案：老师教同学们唱**中文**歌。

【作业】 zuòyè 名 老师让学生课下做的内容。homework, school assignment

扩展与搭配　写作业 xiě zuòyè　交作业 jiāo zuòyè　作业多 zuòyè duō　假期作业 jiàqī zuòyè　作业难 zuòyè nán　课堂作业 kètáng zuòyè　没有作业 méiyǒu zuòyè　完成作业 wánchéng zuòyè　检查作业 jiǎnchá zuòyè

<仿>听力·听对话选择正确答案

男：谁能告诉我一下，今天的**作业**是什么？

女：老师让我们用表示变化的"了"介绍一个季节。

男：那你要介绍什么季节？

女：春天！天气暖和了，花开了，草绿了。

问：关于**作业**，可以知道什么？

A 男的在问**作业**　　B 男的在做**作业**　　C 女的在介绍夏天　　答案【A】

<仿>书写·根据拼音写汉字

yè

今天的作（　　）很简单，我半小时就做完了。　　答案【业】

三、业余生活

10 餐饮

【饱】 bǎo 形 吃了、喝了很多东西，不想再吃了。full, having eaten one's fill

扩展与搭配　吃饱 chībǎo　不饱 bù bǎo　很饱 hěn bǎo　饱极了 bǎojí le

反义词　饿 è

<仿>阅读 · 选择词语完成句子或对话

A **饱**　B 信用卡　C 见面　D 爱好　E 张　F 注意

A：儿子，冰箱里有蛋糕，你想不想吃？

B：不吃了，我在奶奶家吃（　　）了回来的。　答案【A】

<仿>阅读 · 阅读句子选择正确答案

奶奶经常跟我们说："吃饭七分**饱**。"意思是不能吃太**饱**，吃七分**饱**就可以了。很多中国人认为"吃饭七分**饱**"对身体有好处。

★"吃饭七分**饱**"是为了：

A 健康　B 锻炼身体　C 漂亮　答案【A】

【菜单】 càidān 名 饭店方便顾客点菜用的，上面写着各种饭菜的名称和价格。menu

扩展与搭配　一份菜单 yí fèn càidān　看菜单 kàn càidān

新菜单 xīn càidān　给您菜单 gěi nín càidān

<仿>听力 · 听对话选择正确答案

男：你们饭店换新**菜单**了？

女：是的，我们最近又出了很多新菜。

问：饭店为什么换**菜单**？

A 客人不满意　B 出了新菜　C **菜单**不好看　答案【B】

<仿>阅读 · 选择词语完成句子或对话

A 条　B 价格　C **菜单**　D 爱好　E 地图　F 明白

A：服务员，给我看一下（　　），我们想再点两个菜。

B：好的，马上来。 答案【C】

<（仿）>书写 · 用所给词语完成句子

菜单 给 我 把 请 参考答案：请把**菜单**给我。

【蛋糕】 dàngāo [名] 用鸡蛋和面粉加糖、油做成的松软食品。cake

扩展与搭配 一盒蛋糕 yì hé dàngāo 一块蛋糕 yí kuài dàngāo
生日蛋糕 shēngrì dàngāo 巧克力蛋糕 qiǎokèlì dàngāo
奶油蛋糕 nǎiyóu dàngāo

<仿>听力 · 听句子判断正误

今天是妹妹的 5 岁生日，一大早爸爸、妈妈就忙着准备好吃的饭菜，10 点半我去楼下的西点屋把她的生日**蛋糕**拿回来了。

★今天是妹妹的生日。（ ） 答案【√】

<仿>听力 · 听对话选择正确答案

女：儿子，跟妈妈一起去楼下拿生日**蛋糕**吧。
男：您买**蛋糕**了？
女：我在网上买的，已经送来了。
男：爸爸都忘了自己今天过生日吧？
问：给谁买的生日**蛋糕**？
A 儿子 B 妈妈 C 爸爸 答案【C】

女：保罗、麦克，快过来吃**蛋糕**。
男：今天是您的生日吗？祝您生日快乐！
女：不是不是，这是我女儿的结婚**蛋糕**。
男：哦，祝老师的女儿新婚快乐！
问：这是老师女儿的什么**蛋糕**？
A 毕业 B 生日 C 结婚 答案【C】

<仿>阅读 · 根据句子选择上下文

A 这个周末有时间吗？来我家吃饭吧。
B 好的，我正在做作业呢。
C 您放心，我到了上海就给您打电话。
D 明天早饭吃什么啊？
E 当然。我们先坐公共汽车，然后换地铁。

F 虽然是晴天，但是温度很低，小心感冒。

我买了面包、**蛋糕**还有牛奶。(　　)　　答案【D】

<仿>书写·用所给词语完成句子

那家　店　的　很　好吃　**蛋糕**　　参考答案：那家店的**蛋糕**很好吃。

【饿】è 形 肚子空，想吃东西。hungry

扩展与搭配　饿了 è le　　很饿 hěn è　　不饿 bú è

饿死了 èsǐ le　　有点儿饿 yǒu diǎnr è

反义词　饱 bǎo

<仿>阅读·根据句子选择上下文

A 每天下午，麦克都会在图书馆写作业。

B 能用一下你的手机吗？我想给朋友打个电话。

C 这是我们毕业后第一次见面吧？

D 你等一下，前面有个超市，我去给你买水。

E 李先生，这个帽子真漂亮，谢谢你。

我不**饿**，就是有点儿渴了。(　　)　　答案【D】

A 需要我帮忙就给我打电话。

B 妈妈，我**饿**死了，有什么吃的吗？

C 写完作业再检查一下，看有没有错字。

D 学校很漂亮，像个花园。

E 当然。我们先坐公共汽车，然后换地铁。

F 你家离公司远吗？

你先吃点儿水果，我去给你做碗面条儿。(　　)　　答案【B】

<仿>阅读·阅读句子选择正确答案

小孩儿不会说话的时候，**饿**了就哭，吃饱了就睡。其实，只要不是生病，让小孩儿哭一会儿没关系，哭对他们来说，是一种运动。

★这段话告诉我们，小孩儿哭是一种：

A 病　　B 习惯　　C 运动　　答案【C】

【渴】kě 形 口干想喝水。thirsty

扩展与搭配　不渴 bù kě　　渴极了 kějí le　　太渴了 tài kě le

非常渴 fēicháng kě　　口渴 kǒu kě

< 仿 > 听力 · 听句子判断正误

不要等到**口渴**的时候才想起来喝水，那时喝水就晚了。书上说，为了健康，每天应该喝 8 杯水呢。

★**口渴**的时候不要喝水。（　　）　　答案【×】

< 仿 > 阅读 · 选择词语完成句子或对话

A 复习　B **渴**　C 节目　D 爱好　E 完成

A：李老师下课了？上了两节课，口（　　）了吧？喝杯茶吧。

B：是啊，谢谢王老师。　　答案【B】

< 仿 > 书写 · 根据拼音写汉字

kě

冰箱里还有果汁吗？我有点儿（　　）了。　　答案【**渴**】

【筷子】 kuàizi 名 用竹、木、金属等做的夹饭菜或其他东西的细长棍。chopsticks

扩展与搭配　洗筷子 xǐ kuàizi　　用筷子 yòng kuàizi

一把筷子 yì bǎ kuàizi　　一双筷子 yì shuāng kuàizi

< 仿 > 听力 · 听句子判断正误

来中国以后，很多留学生很快就学会了用**筷子**吃饭。麦克说，想起刚来中国时，自己第一次用**筷子**吃面条儿，一碗面他吃了半个多小时。

★麦克第一次用**筷子**吃面条儿吃得很快。（　　）　　答案【×】

< 仿 > 阅读 · 根据句子选择上下文

A 洗完手把**筷子**和碗放到桌子上。

B 外面阴天了，出去带着伞。

C 这位是我妈妈，她是中学老师。

D 王阿姨和我妈妈都喜欢旅行。

E 经理让你去他办公室。

饿了吧？今天妈妈做了面条儿。（　　）　　答案【A】

< 仿 > 阅读 · 选择词语完成句子或对话

A 打算　B **筷子**　C 应该　D 爱好　E 皮鞋　F 记得

A：服务员，请给我们拿一双（　　）。

B：好的，马上。　　答案【B】

A 担心　B 一般　C 穿　D 爱好　E **筷子**　F 一起

A：妈妈，吃饭后碗和（　　）我洗吧。

B：你上班累了一天，我洗吧。　答案【E】

<仿>书写·用所给词语完成句子

麦克　用得　**筷子**　很好　参考答案：麦克**筷子**用得很好。

【面包】 miànbāo 名 一种食品，把面粉加水等调匀，发酵后烤制而成。bread

扩展与搭配　一块面包 yí kuài miànbāo　一个面包 yí gè miànbāo　三片面包 sān piàn miànbāo　奶油面包 nǎiyóu miànbāo　切面包 qiē miànbāo　买面包 mǎi miànbāo　烤面包 kǎo miànbāo

<仿>阅读·阅读句子选择正确答案

两个**面包**，一瓶牛奶，一共12元，现金还是刷卡？

★这句话最可能发生在哪里？

A 饭店　B 超市　C 银行　答案【B】

人们经常说："**面包**会有的，牛奶也会有的。"是的，只要努力，什么都会有的。

★这句话主要想告诉我们：

A 要相信别人　B 兴趣最重要　C 努力才有希望　答案【C】

<仿>书写·用所给词语完成句子

我　**面包**　喜欢　吃　甜　参考答案：我喜欢吃甜**面包**。

【盘子】 pánzi 名 用来装菜等的一种扁而浅的器具。tray, plate

扩展与搭配　一个盘子 yí gè pánzi　洗盘子 xǐ pánzi

<仿>听力·听对话选择正确答案

女：**盘子**怎么放那么高？你帮我搬过来一把椅子吧。

男：我个子高，我来拿吧。

问：女的想让男的做什么？

A 搬椅子　B 拿**盘子**　C 打扫房间　答案【A】

<仿>阅读·根据句子选择上下文

A 你们认识才三个月，这么快就要结婚了？

B 您买的衣服真漂亮，一定很贵吧。

C 这篇课文是不是有点儿难？

D 吃完饭你把碗筷和**盘子**洗了吧。

E 我们一起去公园跳舞吧。

阿姨，我做点儿什么好呢？（　　）　　答案【D】

【啤酒】 píjiǔ 名 一种用大麦和啤酒花做成的酒。beer

扩展与搭配　一瓶啤酒 yì píng píjiǔ　一杯啤酒 yì bēi píjiǔ
好啤酒 hǎo píjiǔ　喝啤酒 hē píjiǔ
啤酒厂 píjiǔchǎng

<仿>听力 · 听句子判断正误

我洗几个杯子，你去把冰箱里的**啤酒**拿出来放在桌子上。不想喝**啤酒**，拿些果汁也可以。

★**啤酒**在桌子上。（　　）　　答案【×】

<仿>阅读 · 根据句子选择上下文

A 小朋友不能喝太多可乐。

B 他排了两个小时的队，终于买到了车票。

C 图书馆里人很多，但是很安静。

D 我是开车来的，还是来杯西瓜汁吧。

E 当然。我们先坐公共汽车，然后换地铁。

F 把电视关了吧，哥哥正在复习呢。

菜点完了，再要点儿**啤酒**吧。（　　）　　答案【D】

<仿>阅读 · 选择词语完成句子或对话

A 差　B 表演　C **啤酒**　D 爱好　E 运动　F 清楚

A：喝点儿什么？（　　）还是果汁？

B：来一杯果汁吧，晚上还要开车去学校接孩子。　　答案【C】

<仿>阅读 · 阅读句子选择正确答案

每年秋季的 10 月 10 日，这个城市都会举行“**啤酒**节”，会有很多国家的人来参加。**啤酒**节上，你可以买到各个国家的**啤酒**，还可以免费品尝呢。

★关于**啤酒**节，可以知道什么？

A 春季举行　B 可以买到外国**啤酒**　C 共有上千种**啤酒**　　答案【B】

【瓶子】 píngzi 名 用来装东西的，一般口较小，肚大，多用瓷、玻璃、塑料等制成。bottle

扩展与搭配 大瓶子 dà píngzi　玻璃瓶子 bōli píngzi　洗瓶子 xǐ píngzi
瓶子里 píngzi li　瓶子外面 píngzi wàimiàn

<仿>听力·听对话选择正确答案

女：桌子上怎么有那么多酒**瓶子**啊？
男：大学同学今天来上海了，晚上我请他到家里吃饭。
问：男的今晚要和大学同学做什么？
A 去上海　B 喝酒　C 学习　答案【B】

女：那个**瓶子**里是什么？
男：不知道，可能是酒。
问：那个**瓶子**里可能是什么？
A 酒　B 果汁　C 水　答案【A】

<仿>阅读·阅读句子选择正确答案

你看这些花多好看！我买了一些，打算把它们放在**瓶子**里，妈妈看了一定喜欢。以前妈妈喜欢种花，可是最近她身体不好，已经很久没有种花了。我希望妈妈看到这些花能高兴。

★说话人打算：
A 种花　B 把花放在**瓶子**里　C 卖花　答案【B】

<仿>书写·用所给词语完成句子

妈妈　两个　女儿　让　**瓶子**　带　参考答案：妈妈让女儿带两个**瓶子**。

<仿>书写·根据拼音写汉字

píng
把这个（　　）子洗干净，然后放在桌子上。　答案【瓶】

【碗】 wǎn 名 盛饭、汤的器具，口大底小，一般是圆形的。bowl

扩展与搭配 大碗 dà wǎn　饭碗 fànwǎn　一个碗 yí gè wǎn
洗碗 xǐ wǎn　一碗米饭 yì wǎn mǐfàn

<仿>听力·听对话选择正确答案

A：妈妈，晚上我想吃米饭。
B：爷爷感冒了，我先给他做一**碗**面条儿。
问：今天爷爷吃什么？

A 米饭　　B 馒头　　C 面条儿　　答案【C】

<仿>阅读·根据句子选择上下文

A 你了解他吗？居然这么快就和他结婚了！
B 阿姨，和我们一起去公园锻炼吧。
C 你这条裙子是不是有点儿短？
D 它的历史很长，有一百多年了。
E 很近，就在这条街的后面。

看见左边那个蓝色的小**碗**了吗？（　　）　　答案【D】

<仿>阅读·选择词语完成句子或对话

A 换　　B **碗**　　C 重要　　D 休息　　E 声音　　F 环境

服务员，再来一（　　）米饭！　　答案【B】

【饮料】yǐnliào 名 经过加工制造的可以喝的液体。beverage

扩展与搭配 喝饮料 hē yǐnliào　　一瓶饮料 yì píng yǐnliào
卖饮料 mài yǐnliào　　一杯饮料 yì bēi yǐnliào

<仿>阅读·根据句子选择上下文

A 听说你姐姐又漂亮又聪明，每次考试都是年级第一。
B 看起来像可乐，怎么这么苦？
C 我们该多回家看看，多跟爸爸、妈妈聊聊天儿。
D 公司最近怎么了？大家每天都很晚才下班。
E 当然。我们先坐公共汽车，然后换地铁。
F 好，明天没课，吃了早饭就去。

给你买了一杯广东的**饮料**，看看喜不喜欢。（　　）　　答案【B】

<仿>阅读·选择词语完成句子或对话

A 差　　B 难过　　C **饮料**　　D 爱好　　E 几乎　　F 清楚

A：毕业后第一次见面，大家少喝一点儿酒怎么样？
B：我们女同学和上学时一样，还是喝（　　）吧。　　答案【C】

A **饮料**　　B 几乎　　C 便宜　　D 爱好　　E 河　　F 历史

A：你怎么现在才回来，我和儿子都要饿死了。
B：知道你们饿了，我在饭店买了两个菜，还有一瓶（　　）。　　答案【A】

<仿>阅读·阅读句子选择正确答案

在广东，人们喜欢喝一种**饮料**，虽然名字叫"凉茶"，但其实不是茶做的，是用多种中草药制成的，喝了对身体好。街道两旁都有卖的，如果你有机会去广东可以尝尝。

★广东的"凉茶"：

A 是一种绿茶　　B 是一种**饮料**　　C 是一种药　　答案【B】

11 旅行

【**城市**】chéngshì 名 人口多，工业、商业发达，居民不是以农村人口为主的地区，通常是周围地区政治、经济、文化中心。city

扩展与搭配 大城市 dà chéngshì　一座城市 yí zuò chéngshì
城市很美 chéngshì hěn měi　城市不大 chéngshì bú dà
城市的变化 chéngshì de biànhuà　很多城市 hěn duō chéngshì
城市的中心 chéngshì de zhōngxīn　城市的发展 chéngshì de fāzhǎn
城市的环境 chéngshì de huánjìng

<仿>听力 · 听句子判断正误

昆明是著名的春城，来中国前我就在旅游书上读到过，那里一年四季都像春天一样，而且那里也是一座鲜花的**城市**，有中国最大的鲜花市场，寒假的时候我一定要去看看。

★昆明是一座鲜花的**城市**。（　　）　答案【√】

学生假期旅行，有一种很有意思的现象，**城市**的孩子愿意去农村体验生活，爬山，摘蔬菜和水果，而农村的孩子喜欢到**城市**里来看看游乐场什么的。

★**城市**的孩子喜欢体验农村的生活。（　　）　答案【√】

<仿>阅读 · 选择词语完成句子或对话

A 才　B 饿　C 传统　D 节日　E 声音　F **城市**

沈阳是东北最大的（　　）之一，我在那里读了四年大学。　答案【F】

<仿>阅读 · 阅读句子选择正确答案

我出生在河北省西部的一座小**城市**，今年暑假回去发现，我的家乡变化真大，很多旧房子都不见了，变成了高楼。街道也宽了，还特别干净。

★说话人出生的小城：

A 很大　B 变化很大　C 很漂亮　答案【B】

中国的很多**城市**都有别的名字，比如黑龙江省的哈尔滨市，又叫“冰城”，听起来就特别冷，那里每年冬天都会举办冰雪节。

★根据这段话，哈尔滨市：

A 又叫“冰城” B 夏天很冷 C 很漂亮 答案【A】

【地图】 dìtú 名 说明地球表面的事物和现象分布情况的图，上面标着符号和文字，有时也有颜色。map

扩展与搭配 一张地图 yì zhāng dìtú 中国地图 Zhōngguó dìtú

世界地图 shìjiè dìtú 在地图上找 zài dìtú shang zhǎo

旅游地图 lǚyóu dìtú

<仿>听力 · 听句子判断正误

从**地图**上看，黄河很像汉字“几”，而长江像一条龙！

★从**地图**上看，长江像“几”字。(　　) 答案【×】

<仿>听力 · 听对话选择正确答案

女：儿子，这么晚了还不睡觉，你在做什么呢？

男：妈妈，我在**地图**上旅行呢！现在到了法国，哈哈！

问：儿子在做什么？

A 睡觉 B 旅行 C 看**地图** 答案【C】

<仿>阅读 · 根据句子选择上下文

A 好久没锻炼身体了。

B 这是你家的小猫吗？

C 你们现在在北京，中国的首都。

D 明天有雨，可是女儿想穿那条新买的裙子。

E 当然。我们先坐公共汽车，然后换地铁。

F 你上周不是回国了吗？

你们看，这一是张中国**地图**。(　　) 答案【C】

<仿>阅读 · 选择词语完成句子或对话

A 向 B 关 C 突然 D 同意 E 声音 F **地图**

我们班教室的墙上挂着一张中国（　　）。 答案【F】

<仿>阅读 · 阅读句子选择正确答案

小时候上地理课，第一次看到世界**地图**，觉得世界那么大，我想去看看。我就是从那时开始对旅游感兴趣的，现在我已经去过 19 个国家了。

★关于“我”，下列哪个不正确？

A 喜欢看**地图**　　B 喜欢旅行　　C 去过很多国家　　答案【A】

<仿>书写·用所给词语完成句子

挂着　墙上　教室的　世界**地图**　一张

参考答案：教室的墙上挂着一张世界**地图**。

【国家】guójiā 名 country, nation

扩展与搭配　一个国家 yí gè guójiā　美丽的国家 měilì de guójiā

友好的国家 yǒuhǎo de guójiā　很多国家 hěn duō guójiā

国家的名字 guójiā de míngzi　国家的文化 guójiā de wénhuà

国家的历史 guójiā de lìshǐ

<仿>阅读·根据句子选择上下文

A 在亚洲东部，太平洋西岸。

B 不要忘记告诉小王下午开会。

C 来北京三个月了，我慢慢习惯了这里的天气。

D 电脑又死机了，儿子快来帮妈妈看看。

E 当然。我们先坐公共汽车，然后换地铁。

F 操场上有很多人在看篮球比赛。

中国是一个古老而又年轻的**国家**。(　　)　　答案【A】

<仿>阅读·选择词语完成句子或对话

A 就　B 信用卡　C **国家**　D 爱好　E 张　F 语言

A：同学们虽然来自不同的（　　），但在这里我们都是一家人。

B：所以应该互相尊重，互相帮助。　　答案【C】

<仿>阅读·阅读句子选择正确答案

和外国人聊天儿时会遇到古今中外一些有名的人、**国家**或城市，可是因为汉语的发音关系，有时候大家说的是一个东西，可是却互相不理解。

★和外国人聊天儿时，说的是一个**国家**，可是互相听不懂是因为：

A 不会外语　　B 不会汉语　　C 发音不同　　答案【C】

【护照】hùzhào 名 国家主管机关发给因工作出国、旅行或住在国外的本国公民的证件，证明他的国籍和身份。passport

扩展与搭配 护照丢了 hùzhào diū le　找护照 zhǎo hùzhào　办理护照 bànlǐ hùzhào　没带护照 méi dài hùzhào

<仿>阅读·根据句子选择上下文

A 爸爸下了飞机就去公司了。
B 公司派我到中国学习汉语。
C 李老师在办公室吗？这是他的词典。
D 小明，在国外旅行，**护照**可不能丢了啊。
E 当然。我们先坐公共汽车，然后换地铁。
F 你来看看世界地图就知道了。
我会小心的，您放心吧。（　　）　答案【D】

<仿>阅读·阅读句子选择正确答案

到了机场，他发现**护照**不见了，在书包里找了半天也没找到，后来发现在行李箱里。
★他的**护照**是在哪里找到的？
A 书包里　B 行李箱里　C 飞机上　答案【B】

【黄河】Huáng Hé [名] Yellow River

扩展与搭配 黄河边 Huáng Hé biān　黄河水 Huáng Hé shuǐ　看黄河 kàn Huáng Hé

<仿>听力·听句子判断正误

中国人对**黄河**有特别的感情，因为**黄河**是中华文明开始的地方，是中国人的“母亲河”。
★中国人特别喜欢**黄河**。（　　）　答案【√】

每年5月到9月去**黄河**边看**黄河**的人都特别多，这个时间段**黄河**的水量非常大，水流的声音特别响。
★冬天是去看**黄河**最好的季节。（　　）　答案【×】

<仿>阅读·选择词语完成句子或对话

A 借　B 娱乐　C 舒服　D 爱好　E **黄河**　F 离开

A：你能在地图上找到（　　）吗？
B：你看，这个像“几”字的就是。　答案【E】

<仿>书写·用所给词语完成句子

每年暑假　有很多　都会　**黄河**边　旅游的人

参考答案：每年暑假**黄河**边都会有很多旅游的人。

<仿>书写 · 根据拼音写汉字

Huáng
他在（　　）河边住了三十年。　　　　答案【黄】

【世界】 shìjiè 名 world

扩展与搭配　全世界 quán shìjiè　　世界各地 shìjiè gèdì　　儿童世界 értóng shìjiè
海底世界 hǎidǐ shìjiè　　认识世界 rènshi shìjiè

<仿>听力 · 听句子判断正误

我小学的时候就喜欢旅行，那时想去**世界**各地旅行。大学毕业后我做了汉语教师，10 年前我去了欧洲教汉语，那年寒假时去了法国、德国和意大利等 9 个国家旅行。

★“我”小学时去了**世界**上的 9 个国家旅行。（　　）　　答案【×】

<仿>阅读 · 根据句子选择上下文

A 因为小孩儿有自己的**世界**。
B 不要忘记告诉小王下午开会。
C 来北京三个月了，我慢慢习惯了这里的天气。
D 电脑又死机了，儿子，快来帮妈妈看看。
E 当然。我们先坐公共汽车，然后换地铁。
F 操场上有很多人在看篮球比赛。

为什么小朋友们都喜欢看《小猪佩奇》这部动画片？（　　）　　答案【A】

<仿>阅读 · 选择词语完成句子或对话

A 向　　B 张　　C 忽然　　D 检查　　E 声音　　F **世界**

教室的墙上有（　　）地图吗？我想看看地中海在哪里。　　答案【F】

<仿>阅读 · 阅读句子选择正确答案

每天接孩子回来的路上，儿子和女儿都会给我讲学校里的事情。在他们的眼里，世界每天都是新鲜的。

★孩子们眼中的**世界**是什么样的？

A 简单的　　B 新鲜的　　C 快乐的　　答案【B】

世界真的很小，我今天在医院，发现给我儿子看病的李医生是我的高中同学。

★李医生是“我”的：

A 小学同学　　B 高中同学　　C 大学同学　　答案【B】

【行李箱】 xínglixiāng 名 旅游、出差时所带的装衣服或物品的箱子。luggage, suitcase

扩展与搭配　搬行李箱 bān xínglixiāng　在行李箱里 zài xínglixiāng li
检查行李箱 jiǎnchá xínglixiāng　拿行李箱 ná xínglixiāng

<仿>听力 · 听对话选择正确答案

女：帮我把**行李箱**放到上面去，好吗？我搬不动。

男：没问题，给我吧。

问：女的希望男的帮忙做什么？

A 买**行李箱**　　B 搬**行李箱**　　C 送**行李箱**　　答案【B】

男：这个**行李箱**太大了，不能带上飞机，我得去买一个小一点儿的。

女：你看网上有这么多选择，样子和颜色也多，还可以寄到家里来。

问：女的是什么意思？

A 上网买**行李箱**　　B 去商店买**行李箱**　　C 送**行李箱**　　答案【A】

<仿>阅读 · 根据句子选择上下文

A 我每天坐校车去上班，30 分钟就到学校了。

B 我们只出去旅游三天，不用带那么多衣服。

C 没关系，听医生的话，每天都好好儿吃药。

D 爸爸，您是不是给我带礼物了？

E 听说这家饭馆还不错，去尝一尝？

儿子，去把爸爸的**行李箱**打开。（　　）　　答案【D】

【照片】 zhàopiàn 名 用手机、照相机拍下来的人或物的图片。photo

扩展与搭配　洗照片 xǐ zhàopiàn　拍照片 pāi zhàopiàn　挂照片 guà zhàopiàn
看照片 kàn zhàopiàn　放大照片 fàngdà zhàopiàn
艺术照片 yìshù zhàopiàn　彩色照片 cǎisè zhàopiàn

<仿>听力 · 听句子判断正误

中国人在拍**照片**的时候喜欢说"茄子"。刚来中国时我觉得很不理解，为什么拍照的时候要说蔬菜的名字，后来老师告诉我，汉语"茄子"和英语的"cheers"发音很像。

★ 中国人拍**照片**的时候说"cheers"。（　　）　　答案【×】

<仿>听力 · 听对话选择正确答案

男：**照片**中间这个人是你吗？

女：不是，这是我妈妈年轻的时候。

男：你跟你妈妈长得太像了。

女：是的，大家都这样说，我眼睛和我妈妈一样。

问：他们在看什么？

A **照片**　　　　B 杂志　　　　C 电视　　　　答案【A】

男：去内蒙古旅行的**照片**呢？

女：我放在电脑里了。

男：你选几张好的洗出来，我想挂到新家的墙上。

女：好的，选完了我就给照相馆发过去，我有他们的微信。

问：他们在谈论什么？

A 旅行　　　　B **照片**　　　　C 微信　　　　答案【B】

<仿>阅读 · 根据句子选择上下文

A 会不会忘在出租车上了？

B 天气这么热，吃点儿冰激凌吧。

C 放心吧，我们都很好，您也要注意身体。

D 是我刚上大学那年照的，只有 50 公斤。

E 原来她已经毕业了。

照片上的这个人是你吗？你那时候真瘦啊。(　　)　　　　答案【D】

<仿>阅读 · 选择词语完成句子或对话

A 终于　　B 汉字　　C 表演　　D 爱好　　E **照片**　　F 正在

A：(　　)上的这个人是你吗？

B：不，是我爸爸，那时他刚参加工作，很年轻。　　　　答案【E】

<仿>阅读 · 阅读句子选择正确答案

中国有句话是“女大十八变，越变越好看”。意思是，女孩子越大越漂亮，看这张**照片**，是我姐姐 10 岁那年去北京照的，照片上的姐姐又黑又瘦，现在她大学毕业了，谁也没想到她会变得这么漂亮。

★关于说话人的姐姐，可以知道什么？

A 以前很漂亮　　　　B 在上大学　　　　C 变好看了　　　　答案【C】

【照相机】zhàoxiàngjī 名 照相的器械，能拍出照片。camera

扩展与搭配 他的照相机 tā de zhàoxiàngjī 买照相机 mǎi zhàoxiàngjī
借照相机 jiè zhàoxiàngjī 还照相机 huán zhàoxiàngjī

<仿>听力 · 听对话选择正确答案

男：下周我们去旅游，你去跟弟弟借一下**照相机**吧。
女：现在人们都用手机拍照，谁还用相机啊？
问：女的什么意思？
A 女的要借相机 B 女的要买手机 C 女的用手机拍照 答案【C】

男：你要去教室吗？
女：是的，王老师，您有什么事？
男：这个**照相机**小李明天要用，请你帮我带给她吧。
女：没问题，明天留学生表演节目吧。
问：男的要给小李什么东西？
A 书 B **照相机** C 铅笔 答案【B】

<仿>阅读 · 选择词语完成句子或对话

A 参加 B 公里 C 休息 D 爱好 E **照相机** F 差一点儿
A：下周要去旅游，我一会儿去找老王借一个（ ）。
B：我们用手机就可以拍照啊，很方便的。 答案【E】

12 娱乐

【比赛】bǐsài ① 名 指比较本领、水平高低的活动。match, game
② 动 比较本领、水平的高低。compete

扩展与搭配 一场比赛 yì chǎng bǐsài　一次比赛 yí cì bǐsài
进行比赛 jìnxíng bǐsài　篮球比赛 lánqiú bǐsài
重要比赛 zhòngyào bǐsài　唱歌比赛 chàng gē bǐsài
比赛成绩 bǐsài chéngjì
跟……比赛 gēn…bǐsài　比赛速度 bǐsài sùdù

<仿>听力 · 听句子判断正误

下周我们一班同学要和二班进行汉字**比赛**，每班 10 个同学参加，看看哪个班同学的汉字写得又快又好，最重要的是要写对。同学们这几天都在认真准备呢！

★同学们在准备下周的汉字**比赛**。(　　)　答案【√】

<仿>听力 · 听对话选择正确答案

女：这么晚了你怎么还不睡觉？又在聊天儿呢？
男：是，和同学说说明天篮球**比赛**的事情，说完就睡。
问：关于男的，可以知道什么？

A 睡得早　B 在玩儿游戏　C 明天有**比赛**　答案【C】

<仿>阅读 · 选择词语完成句子或对话

A 其实　B 发烧　C 表演　D 爱好　E **比赛**　F 教

A：汉字比赛（　　）很简单，100 个汉字，谁写得又快又好，谁就是第一。
B：明白了，可以开始了吗？　答案【E】

【参加】cānjiā 动 加入某种组织或某种活动。participate in, join in (a party or a group), take part in

扩展与搭配 参加会议 cānjiā huìyì　参加工作 cānjiā gōngzuò
参加比赛 cānjiā bǐsài　参加活动 cānjiā huódòng

参加乐队 cānjiā yuèduì　　不参加 bù cānjiā

<（仿）>阅读 · 根据句子选择上下文

A 是呀，多和中国人交朋友，也是学习。
B 我刚才在电梯口遇到叔叔了。
C 这儿的冬天常常下雪，但是不冷。
D 我的电脑死机了，来给我看看。
E 当然。我们先坐公共汽车，然后换地铁。
F 你们就别担心了。

要学习汉语，也要多**参加**中国大学生的活动。（　　）　答案【A】

<（仿）>阅读 · 选择词语完成句子或对话

A 节目　B 次　C **参加**　D 爱好　E 锻炼　F 当然

A：今晚有中外学生活动，跟我一起去（　　）吧。
B：下一次吧，我晚上 7 点要和中国朋友去看电影。　答案【C】

<（仿）>阅读 · 阅读句子选择正确答案

给我准备一下行李，明天我要去上海**参加**一个会议，顺便看看我同学，大学毕业以后我们就没见过了。

★关于说话人，下列哪个正确？

A 他在准备行李　B 他要去上海开会　C 他大学刚毕业　答案【B】

尼泊尔的茶特别有名，2008 年秋季在那儿举办过一次茶文化节，很多国家的茶叶公司都去**参加**了，我和麦克就是在那次茶文化节上认识的。

★关于尼泊尔，下列哪个正确？

A 茶非常有名　B 有很多茶叶公司　C 人们喜欢喝茶　答案【A】

【锻炼】duànliàn 动（a）通过体育活动让身体健康。do physical training, take exercise
（b）在工作和一些活动中经受考验，使能力提高。train, cultivate

扩展与搭配

锻炼身体 duànliàn shēntǐ　　继续锻炼 jìxù duànliàn
学生锻炼 xuéshēng duànliàn　　应该锻炼 yīnggāi duànliàn
参加锻炼 cānjiā duànliàn　　坚持锻炼 jiānchí duànliàn
多锻炼 duō duànliàn　　得到锻炼 dédào duànliàn

<（仿）>听力 · 听句子判断正误

到中国留学是我第一次离开父母、家人，除了学习有老师帮助以外，很多事情都

要自己去做，比如洗衣服、做饭、买机票等等。对我来说，这也是我人生中一次很好的**锻炼**。

★在中国留学时他每天都**锻炼**身体。（　　）　　答案【×】

＜仿＞阅读·根据句子选择上下文

A 这个周末有时间吗？一起爬山去吧。

B 我看错人了，前面不是小李。

C 虽然是晴天，但外面温度很低，小心感冒。

D 您放心，我下午去医院看病。

E 当然。我们先坐公共汽车，然后换地铁。

F 如果有时间，我教你做蛋糕。

我每天都**锻炼**，不会生病的。（　　）　　答案【C】

＜仿＞阅读·选择词语完成句子或对话

A 马上　B **锻炼**　C 地方　D 爱好　E 要求　F 兴趣

A：我前天下午打了一小时篮球，今天腿还疼呢。

B：是因为你很长时间没（　　）了。　　答案【B】

A 还　B 检查　C 举行　D **锻炼**　E 声音　F 世界

从明天起我每天早上都去公园跑步，（　　）身体。　　答案【D】

＜仿＞阅读·阅读句子选择正确答案

上个星期和朋友们去游泳，把我累坏了，到现在我的腿还在疼。看来我是应该多**锻炼锻炼**了。

★他打算：

A 去医院　B **锻炼**身体　C 下午去游泳　　答案【B】

小朋友们，请跟老师一起唱："早晨空气多么好，小朋友们起得早，伸伸手，弯弯腰，跑一跑，跳一跳，天天**锻炼**身体好！"

★小朋友们在做什么？

A 唱歌　B 吃早饭　C **锻炼**身体　　答案【A】

【感兴趣】 gǎn xìngqù 对某人或某种事物产生喜好的情绪。be interested in

扩展与搭配　非常感兴趣 fēicháng gǎn xìngqù　很感兴趣 hěn gǎn xìngqù
不太感兴趣 bú tài gǎn xìngqù　对……感兴趣 duì…gǎn xìngqù

注意：“感兴趣”是个动宾短语，后面不能再有宾语，如不能说“我感兴趣这本书”。如有宾语则需借助介词“对”，组成介词短语，放在“感兴趣”前面，即“对……感兴趣”，如“我对这本书感兴趣”。

<仿>听力·听句子判断正误

麦克读大学时，因为对中国歌曲**感兴趣**，开始学习汉语。之后对中国文化产生了极大的兴趣，大学毕业后来中国留学。现在他已经在中国学习汉语两年了，汉语说得非常流利。

★麦克一开始学习汉语是因为对中国文化**感兴趣**。（　　）　答案【×】

虽然在自己的国家也可以学习汉语，但是越来越多的人选择来中国留学。除了汉语外，他们还想多了解些中国文化。

★很多留学生对中国文化**感兴趣**。（　　）　答案【√】

<仿>听力·听对话选择正确答案

男：听说你非常喜欢旅行，今年夏天和我一起去内蒙古怎么样？

女：朋友从丽江回来说那里很美，所以我开始对云南**感兴趣**了。

问：女的今年夏天可能去哪儿旅行？

A 宁夏　B 内蒙古　C 云南　答案【C】

男：听说你对书法很**感兴趣**。

女：是的，在爷爷的影响下，从小学过几年。

男：今天下午有书画展览，有时间一起去啊？

女：太好了，我们下了课就去吧，坐地铁比较快。

问：关于女的，下列哪个不正确？

A 对书法**感兴趣**　B 学过书法　C 不想去看展览　答案【C】

<仿>阅读·阅读句子选择正确答案

女儿才3岁，可是她对画画儿特别**感兴趣**。她常常在哥哥的本子上画画儿，画完一定要给我们看，这是她一天最快乐的时候。

★女儿：

A 5岁了　B 很快乐　C 喜欢画画儿　答案【C】

【公园】 gōngyuán 名 人们可以游览、休息的园林。park

扩展与搭配　一座公园 yí zuò gōngyuán　香山公园 Xiāngshān Gōngyuán

国家公园 guójiā gōngyuán　森林公园 sēnlín gōngyuán

去公园 qù gōngyuán　　建公园 jiàn gōngyuán　　逛公园 guàng gōngyuán
公园门口 gōngyuán ménkǒu　　公园外面 gōngyuán wàimiàn

<仿>听力·听句子判断正误

现在，沈阳的很多**公园**都不需要门票，有的**公园**白天进要买门票，但是晚上6点以后和早上7点以前，不用买票就可以进去锻炼身体。

★在沈阳去**公园**不用买门票。(　　)　　答案【×】

这个**公园**就是我和爱人第一次见面的地方，现在我们有时间就会到这儿散步。

★他和爱人第一次见面是在**公园**。(　　)　　答案【√】

那个**公园**虽然离我们的楼有点儿远，但是从我家楼上向外看，可以看见**公园**里的那条小河，河边有一大片绿色的草地，常常有爸爸、妈妈带着小朋友在那里玩儿。

★**公园**里有一大片草地。(　　)　　答案【√】

还记得我们学校附近的那片小树林吗？现在已经变成**公园**了。

★这个**公园**在学校附近。(　　)　　答案【√】

<仿>阅读·根据句子选择上下文

A 在爸爸的影响下，他也喜欢上了画画儿。
B 这里以前是一片空地。
C 今天天气不错，阳光真好！
D 您和爸爸有一张照片是在这个**公园**照的吧。
E 当然。我们先坐公共汽车，然后换地铁。
F 您别客气，这是我应该做的。

是的，结婚前我们常常来这里玩儿，划船什么的。(　　)　　答案【D】

【故事】 gùshi 名 真实的或虚构的用作讲述的事情，有连续性，能吸引人，感染人。story

扩展与搭配　一个故事 yí gè gùshi　　讲故事 jiǎng gùshi　　编故事 biān gùshi
爱听故事 ài tīng gùshi　　儿童故事 értóng gùshi　　童话故事 tónghuà gùshi

<仿>听力·听对话选择正确答案

男：你昨天讲的**故事**是从哪本书上看来的？我也很感兴趣。

女：不是从书上看来的，是我自己编的。

问：关于男的，可以知道什么？

A 听了**故事**　　B 喜欢看书　　C 想编**故事**　　答案【A】

<仿>阅读·根据句子选择上下文

A 父母是孩子的第一位老师。

B 地铁站在十字路口的东边。

C 价格比超市里便宜。

D 他是班长，所以每天都很忙。

E 每天都让妈妈给我讲一个才睡觉。

F 下课以后我请你们看电影。

我小时候特别爱听**故事**。(　　)　　答案【E】

<仿>阅读·阅读句子选择正确答案

现在的父母什么都得会，唱歌、跳舞、画画儿等等，还要会讲**故事**，周日我得去图书馆借两本童话**故事**书来看看。

★周日他要去做什么？

A 去唱歌、跳舞　　B 去画画儿　　C 去借书　　答案【C】

每天上课前，汉语老师都给同学们3分钟时间练习汉语，明天我打算给同学们讲个历史**故事**。

★他最可能是做什么的？

A 学生　　B 医生　　C 老师　　答案【A】

小学的时候，我看了很多童话书，下了课就给同学们讲**故事**，同学们都特别喜欢听。

★我小时候：

A 爱听**故事**　　B 会讲**故事**　　C 喜欢同学们　　答案【B】

【画】 huà ① 动 用笔做出图形。draw, paint ② 名 画成的艺术品。drawing, painting

扩展与搭配　画画儿 huà huàr　画山水 huà shānshuǐ　画风景 huà fēngjǐng
画得好 huà de hǎo　画得像 huà de xiàng　在纸上画 zài zhǐ shang huà
山水画 shānshuǐhuà　人物画 rénwùhuà　画笔 huàbǐ
画布 huàbù　一张画 yì zhāng huà

<仿>听力·听句子判断正误

小时候几乎所有的小朋友都喜欢**画画儿**，我也一样。我常常**画**爸爸，**画**妈妈，**画**

弟弟、妹妹，当然也**画**我自己，**画**出了幸福的一家。每次在纸的左上方都**画**上太阳，右边**画**上几只小鸟。

★他小时候喜欢**画**家里人。(　　)　　答案【√】

<仿>阅读·根据句子选择上下文

A 请你妈妈到学校来一趟。

B 这是你自己的决定吗？

C 快点儿来，比赛就要开始了。

D 这张小鸟的照片照得太好了！

E 当然。我们先坐公共汽车，然后换地铁。

F 我还以为您也是学生呢。

再看一下，这不是照的，是**画**出来的。(　　)　　答案【D】

<仿>阅读·选择词语完成句子或对话

A **画**　B 学生卡　C 见面　D 爱好　E 只　F 或者

A：爸爸，明天爷爷生日，我想送给他一张**画**儿。

B：爷爷要是知道你是花了一周的时间才（　　）好的，一定很高兴。　答案【A】

<仿>阅读·阅读句子选择正确答案

我是一个汉语老师，以前学生有不懂的词，我就给他们**画**出来，学生们很喜欢。现在有了电脑，就可以找合适的图片了，特别方便。

★根据这段话，"我"是：

A 汉语老师　B **画画**儿老师　C 电脑老师　答案【A】

我小儿子喜欢**画画儿**。有一天他在哥哥的作业本上**画**了一只小猫，特别可爱，可那是哥哥花了一个半小时才写完的作业，我们笑了，哥哥却哭了。

★小儿子：

A 在写作业　B **画**了只猫　C 哭了　答案【B】

【节目】 jiémù 名 文艺演出或广播电台、电视台播送的项目。programme

扩展与搭配

看节目 kàn jiémù　　表演节目 biǎoyǎn jiémù

体育节目 tǐyù jiémù　　电视节目 diànshì jiémù

节目开始了 jiémù kāishǐ le　　节目内容 jiémù nèiróng

<仿>听力·听对话选择正确答案

男：老师说，谁迟到了就要在教室前面给同学们表演**节目**。

女：我不会唱歌也不会跳舞，所以咱们快点儿走吧！
问：关于女的，可以知道什么？

A 想表演**节目**　　B 不想迟到　　C 唱歌跳舞很好　　答案【B】

男：小丽，把电视关了吧，爷爷要休息了。
女：好的爸爸，这个**节目**还有5分钟就结束了。
问：小丽在做什么？

A 休息　　B 看电视　　C 打电话　　答案【B】

<仿>阅读·根据句子选择上下文

A 人家小李，学习努力，每次考试都第一。
B 写了两个小时汉字，眼睛都疼了！
C 父母该多花点儿时间跟孩子在一起，比如多聊聊天儿。
D 公司最近事情一件接着一件，常常加班。
E 当然。我们先坐公共汽车，然后换地铁。
F 好，我洗点儿水果，一会儿一边吃一边看。

姐，你要看的那个电视**节目**快开始了。（　　）　　答案【F】

<仿>阅读·选择词语完成句子或对话

A **节目**　B 精彩　C 地方　D 爱好　E 要求　F 教

A：你也喜欢这种歌舞（　　）？
B：是的，我特别喜欢听那些老歌。　　答案【A】

A 复习　B 渴　C **节目**　D 爱好　E 完成　F 拿

A：老师，这个生词我写得对吗？
B：你看，应该是“（　　）”，不是“节日”。　　答案【C】

【节日】 jiérì 名 纪念日或者值得庆祝的日子。festival

扩展与搭配

节日快乐 jiérì kuàilè　　节日礼物 jiérì lǐwù
节日祝福 jiérì zhùfú　　节日问候 jiérì wènhòu
节日的祝贺 jiérì de zhùhè　　节日的气氛 jiérì de qìfēn

<仿>听力·听句子判断正误

什么是**节日**？我觉得**节日**是有变化的日子，是特别的日子，就是这一天跟每一天都不一样，人们在**节日**吃的和每天不一样，做的事情也和每天不一样。最重要的是，

节日要和家人在一起过。

★他认为**节日**是生活中有变化的日子。（　　）　　答案【√】

<仿>阅读·选择词语完成句子或对话

A 衬衫　B 安静　C 开始　D 习惯　E 声音　F **节日**

老师，今天是教师节，祝您（　　）快乐。　　答案【F】

<仿>阅读·阅读句子选择正确答案

春节是中国最重要的**节日**，这一**节日**在中国有很长的历史了。春节的时候，无论多远，人们都要回家和家人在一起，吃一顿年夜饭，然后看电视节目。不过近年来，人们有了新的选择——出门旅游。

★关于春节，下列哪个不正确？

A 很重要　B 历史很长　C 都在家里过　　答案【C】

除了春节，中秋节也是中国人很重要的一个**节日**。中秋节那天，中国人看月亮，吃月饼。我们留学生也会举办一个活动，老师给我们讲月亮的故事，然后大家一起吃月饼。

★中秋节那天，同学们：

A 看月亮　B 吃月饼　C 有比赛　　答案【B】

你了解中国的**节日**吗？老师让我准备端午节的历史故事，明天上课的时候给同学们讲一讲。

★说话人最可能是做什么的？

A 老师　B 律师　C 学生　　答案【C】

【爬山】 páshān 动 一种运动。从山下开始，向山上走或爬。climb a mountain

扩展与搭配　经常爬山 jīngcháng páshān　喜欢爬山 xǐhuan páshān
去爬山 qù páshān　想爬山 xiǎng páshān
爬山运动 páshān yùndòng

<仿>阅读·选择词语完成句子或对话

A 出差　B **爬山**　C 地方　D 爱好　E 发现　F 搬

A：秋天来了，这周日和我去（　　）吧，香山的叶子都红了，特别美。

B：对不起，昨天我的同学来北京了，周日我要陪她去长城。　　答案【B】

<仿>书写 · 用所给词语完成句子

去　我　**爬山**　和　打算　朋友　　　　参考答案：我打算和朋友去**爬山**。

<仿>书写 · 根据拼音写汉字

如果你明天不忙，我们去（ pá ）山吧，山上空气特别好。　　答案【爬】

【骑】 qí 动 两腿跨坐（在马、牛等或自行车等上面）。ride

扩展与搭配　骑自行车 qí zìxíngchē　　骑马 qí mǎ
骑摩托车 qí mótuōchē　　骑得很快 qí de hěn kuài

<仿>听力 · 听对话选择正确答案

男：小心点儿，别**骑**太快了。
女：放心吧。你不知道吗？从小爸爸就教我**骑**马了。
问：女的是什么意思？

A 她会**骑**马　　B 要慢点儿**骑**　　C 爸爸会**骑**马　　答案【A】

女：你真的不会**骑**自行车吗？
男：是的，在我们家乡，山很多，很少有机会**骑**。
问：关于男的，可以知道什么？

A 会开车　　B 不会**骑**车　　C 喜欢爬山　　答案【B】

<仿>阅读 · 选择词语完成句子或对话

A 终于　B 排队　C 满意　D 爱好　E **骑**　F 一会儿

A：照片上（　　）马的这个人是你爸爸吗？
B：不是我爸爸，是我叔叔，大家都说他们长得很像。　　答案【E】

<仿>阅读 · 阅读句子选择正确答案

小明，你**骑**在墙上做什么？那是王奶奶家的苹果，你不能摘，妈妈给你买了葡萄，快点儿下来吃吧。

★小明可能要做什么？

A **骑**墙　　B 摘苹果　　C 买葡萄　　答案【B】

<仿>书写 · 用所给词语完成句子

每天　自行车　**骑**　他　上班　　　　参考答案：他每天**骑**自行车上班。

【上网】 shàng//wǎng 动 用计算机、手机等进入互联网，在网络上查找需要的信息等。surf the Internet

扩展与搭配 上网卡 shàngwǎngkǎ　能上网 néng shàngwǎng　正在上网 zhèngzài shàngwǎng　上网查找 shàngwǎng cházhǎo　可以上网 kěyǐ shàngwǎng

<仿>阅读·根据句子选择上下文

A 我坐出租车去学校，不会迟到。

B 我们只去两天，行李少拿一些吧。

C 胖一点儿没关系，健康才是最重要的。

D 你给我带什么礼物了？让我看看。

E 你看，这家宾馆不贵，房间也干净。

还能**上网**，我们就住这儿吧。（　　）　　答案【E】

<仿>阅读·选择词语完成句子或对话

A **上网**　B 遍　C 应该　D 爱好　E 音乐　F 记得

A：我打算明天早上吃完饭就去北站买火车票。

B：为什么不（　　）买呢？现在网上买票很方便。　　答案【A】

<仿>阅读·阅读句子选择正确答案

过去租房子主要看房子的大小，干净不干净，周围环境怎样，有没有电视。现在人们还会问，有 WiFi 吗？

★现在人们租房子还要看：

A 价格是不是便宜　B 交通是不是方便　C 能不能**上网**　　答案【C】

【新闻】 xīnwén 名 报纸、广播、电视台等报道的国内外消息。news

扩展与搭配 一条新闻 yì tiáo xīnwén　听新闻 tīng xīnwén　播新闻 bō xīnwén　新闻记者 xīnwén jìzhě　电视新闻 diànshì xīnwén　新闻广播 xīnwén guǎngbō

<仿>阅读·选择词语完成句子或对话

A 然后　B **新闻**　C 过　D 爱好　E 一般　F 以前

A：现在网上都是这条（　　），你看到了吗？

B：我在手机上已经看过了。　　答案【B】

A **新闻**　B 蓝　C 层　D 爱好　E 必须　F 辆

A：你的汉语水平提高得太快了。

B：我每天都和中国朋友聊天儿，而且还用手机听半个小时的（　　）。答案【A】

<仿>书写·用所给词语完成句子

喜欢　他　体育**新闻**　很　看　参考答案：他很喜欢看体育**新闻**。

<仿>书写·根据拼音写汉字

wén

爷爷每天晚上7点必须看电视里的新（　　）节目。答案【闻】

【音乐】yīnyuè 名 music

扩展与搭配　听音乐 tīng yīnyuè　喜欢音乐 xǐhuan yīnyuè　音乐节目 yīnyuè jiémù　音乐会 yīnyuèhuì　古典音乐 gǔdiǎn yīnyuè　现代音乐 xiàndài yīnyuè

<仿>听力·听句子判断正误

世界各地的人们说着不同的语言，可能互相听不懂。但是**音乐**不一样，**音乐**是没有国界的，我觉得**音乐**是全世界人都可以听懂的语言，听**音乐**时的感情是相同的。

★世界各地的人都喜欢听**音乐**。（　　）答案【×】

<仿>阅读·根据句子选择上下文

A 我坐出租车去学校，不会迟到。

B 我们只去两天，行李少拿一些吧。

C 小雨怎么没来看电视？

D 你给我带什么礼物了？让我看看。

E 你看，这家宾馆不贵，房间也干净。

他在自己的房间听着**音乐**看书呢。（　　）答案【C】

<仿>阅读·选择词语完成句子或对话

A 清楚　B **音乐**　C 画　D 爱好　E 筷子　F 一共

A：你这个周末打算做什么啊？

B：可能和朋友出去玩儿，或者在家里听听（　　）、看看书。答案【B】

<仿>阅读·阅读句子选择正确答案

喂，我是麦克，谢谢你的邀请，但是我明天晚上不能和你一起去看比赛了，我的女朋友要听**音乐会**，我得陪她去。

★麦克明天去：

A 看女朋友　　B 看比赛　　C 听**音乐**会　　答案【C】

最近，我发现两岁大的儿子对**音乐**很有兴趣。每次听到**音乐**，他都会高兴地拍手、跳舞。

★他儿子：

A 喜欢**音乐**　　B 喜欢跳舞　　C 喜欢拍手　　答案【A】

【游戏】 yóuxì 名 有一定规则的娱乐活动。game

扩展与搭配　做游戏 zuò yóuxì　玩儿游戏 wánr yóuxì　打游戏 dǎ yóuxì
电子游戏 diànzǐ yóuxì　手机游戏 shǒujī yóuxì

<仿>听力 · 听句子判断正误

现在很多孩子白天、晚上都在用手机玩儿**游戏**，时间长了，对眼睛非常不好，也影响学习。

★很多孩子玩儿**游戏**的时间太长了。（　　）　　答案【√】

同学们，学习有点儿累了吧，现在老师要跟大家做个**游戏**，名字叫"我来做，你来说"，老师做一个动作，同学们用学过的汉语生词说出来，好吗？

★老师和同学们正在玩儿一个汉语**游戏**。（　　）　　答案【×】

小天，把**游戏**的声音关小一点儿，别影响你姐姐，她快考试了，在房间复习呢。

★姐姐在玩儿**游戏**。（　　）　　答案【×】

<仿>阅读 · 阅读句子选择正确答案

有些同学觉得考上大学就可以休息一下了，每天下课以后也不复习，晚上总是上网打**游戏**。

★有些同学晚上：

A 想休息　　B 打**游戏**　　C 复习　　答案【B】

幼儿园的小朋友们坐在桌子前学习 10 ~ 15 分钟以后，就不愿意再学习了，所以，老师常常用做**游戏**的方法教小朋友们学习，小朋友们一边玩儿一边学。

★幼儿园的小朋友：

A 喜欢安静　　B 喜欢**游戏**　　C 喜欢学习　　答案【B】

小明，下周就要考试了，你怎么还在打**游戏**？你不是说这次考试要得到好成绩吗？打**游戏**能得到好成绩吗？快把电脑关了吧。

★小明现在正在：

A 复习　　B 玩儿电脑　　C 考试　　答案【B】

<仿>书写·用所给词语完成句子

这个　意思　有　特别　电脑**游戏**　　参考答案：这个电脑**游戏**特别有意思。

<仿>书写·根据拼音写汉字

yóu

你应该每天和孩子在一起聊聊天儿、做做（　　）戏。　　答案【游】

四、生活常识

13 表达

【啊】a 助 用在句子的后面，表示不同的语气。*used at the end of sentences to indicate different tones*

<仿>阅读 · 根据句子选择上下文

A 王阿姨家的厨房很干净。

B 这位是我的新邻居。

C 这双运动鞋多少钱买的？

D 今天有客人来，我得多买一点儿菜。

E 当然。我们先坐公共汽车，然后换地铁。

F 晚上地铁上人不多。

他是谁**啊**？给我介绍一下吧。（　　）　　答案【B】

<仿>阅读 · 选择词语完成句子或对话

A 先　　B 瘦　　C 总是　　D 爱好　　E 借　　F **啊**

A：你今天去图书馆吗？

B：去（　　），我得去还书，已经借了一个月了。　　答案【F】

A 祝　　B **啊**　　C 个子　　D 爱好　　E 满意　　F 像

A：你做的菜真好吃（　　）！

B：喜欢吃吗？以后我还给你做。　　答案【B】

<仿>书写 · 用所给词语完成句子

饭馆　菜　这家　好吃　的　真　**啊**　　参考答案：这家饭馆的菜真好吃**啊**！

【把】bǎ ① 介 由“把”组成的介宾结构，用在动词前做状语。“把”的宾语多是句中动词的实际宾语，用“把”将它提到动词前，一般由名词或名词性词组充当。“把”字句一般用来表示处置。*used to move the object ahead of the verb to show the influence on somebody or something or how something is dealt with* ② 量 用于有把手的器具或用于一只手能抓起来的数量（包括用绳捆起来的东西）。*a measure word for something with a handle*

扩展与搭配 把门关上 bǎ mén guānshang　　把书打开 bǎ shū dǎkāi

把衣服洗了 bǎ yīfu xǐ le　　把饭吃光 bǎ fàn chīguāng

把汉语翻译成英语 bǎ Hànyǔ fānyì chéng Yīngyǔ

一把刀 yì bǎ dāo　　一把伞 yì bǎ sǎn　　一把花 yì bǎ huā

<仿>听力 · 听句子判断正误

明天吃了早饭，我先**把**女儿送到幼儿园，然后去学校。

★他明天先去学校。(　　)　　答案【×】

<仿>阅读 · 根据句子选择上下文

A 这本词典很好，我要借这本！

B 你如果满意，就买吧。

C 你这条裤子有点儿瘦。

D 银行旁边有一个超市，里面东西很多。

E 我们坐地铁去吧。

这椅子坐着很舒服，买两**把**怎么样？(　　)　　答案【B】

A 你的书包里有没有？

B 这个房间很干净，我很满意。

C 她每天都锻炼身体，她的身体很好。

D 她决定明天去找经理。

E 父母的习惯对孩子有影响。

我记得**把**书放在桌子上了，怎么不见了？(　　)　　答案【A】

<仿>阅读 · 选择词语完成句子或对话

A 季节　B 重要　C **把**　D 爱好　E 万　F 太阳

A：我怎么觉得这么冷？姐姐，你(　　)空调关上吧。

B：你是不是感冒了？　　答案【C】

A **把**　B 渴　C 双　D 爱好　E 应该　F 更

A：先(　　)牛奶喝了，然后再走。

B：没时间喝了，快迟到了。　　答案【A】

<仿>阅读 · 阅读句子选择正确答案

他**把**护照放到了包里，**把**衣服、鞋、电脑都放到了行李箱里。收拾好后，又检查了一下，然后才洗澡、睡觉。

★行李箱里有什么？

A 护照　　B 电脑　　C 包　　答案【B】

<仿>书写·用所给词语完成句子

窗户　请　你　上　**把**　关　　参考答案：请你**把**窗户关上。

【被】bèi 介 用在句中，表示主语是受事（施事在“被”字后，但常省略）。*used in a passive sentence after the subject, i. e. the patient of the action*

扩展与搭配　书被借走了 shū bèi jièzǒu le
这件事不会被忘记 zhè jiàn shì bú huì bèi wàngjì

<仿>阅读·选择词语完成句子或对话

A 季节　B **被**　C 角　D 爱好　E 年轻　F 上网

A：我记得把词典放到桌子上了，怎么没有了？

B：刚才图书馆的老师在检查桌子上的书，是不是（　　）他拿走了。　答案【B】

<仿>阅读·根据句子选择上下文

A 她每天都去公园锻炼。

B 你在图书馆借的小说看完了吗？我想看看。

C 你的衣服很漂亮，在哪儿买的？

D 累了就在这儿休息一下。

E 这种花春天开，特别漂亮。

被小张借走了，他还给我以后你再看吧。（　　）　　答案【B】

<仿>书写·用所给词语完成句子

的　**被**　历史　不会　是　忘记　　参考答案：历史是不会**被**忘记的。

刮　**被**　跑了　姐姐的帽子　风　　参考答案：姐姐的帽子**被**风刮跑了。

【比较】bǐjiào ① 副 表示具有一定程度。relatively
② 动 找出两个事物不同或相同的地方。compare

扩展与搭配　比较好 bǐjiào hǎo　比较早 bǐjiào zǎo　比较难 bǐjiào nán
比较好坏 bǐjiào hǎo huài　认真比较 rènzhēn bǐjiào
进行比较 jìnxíng bǐjiào　比较一下 bǐjiào yíxià

<仿>听力·听对话选择正确答案

女：你休息一下，然后看看那件衣服怎么样。

男：好。怎么给我买新衣服了？

女：明天是你的生日啊！

男：我忙得把自己的生日都忘了。那我明天请你吃饭吧。

问：关于男的，可以知道什么？

A 不喜欢新衣服　　B 要吃饭了　　C 最近**比较**忙　　答案【C】

<仿>阅读·根据句子选择上下文

A 小李要出国工作，你听说了吗？

B 每天都锻炼，你的身体会越来越健康的。

C 好吧，但是**比较**一下，火车在路上的时间会很长。

D 我发现王丽最近瘦了。

E 当然。我们先坐公共汽车，然后换地铁。

F 他最近对汉语很感兴趣。

飞机**比较**贵，还是坐火车吧。（　　）　　答案【C】

<仿>书写·用所给词语完成句子

那　东西　家　**比较**　超市　的　贵　　参考答案：那家超市的东西**比较**贵。

【必须】 bìxū 副 表示必要，一定要。must

扩展与搭配　必须学习 bìxū xuéxí　必须参加 bìxū cānjiā　必须去 bìxū qù
必须写完 bìxū xiěwán　必须努力 bìxū nǔlì

<仿>阅读·根据句子选择上下文

A 这个周末你有什么打算？咱们去爬山啊？

B 作业我马上就做完了。

C 这两天很冷，多穿点儿衣服，小心感冒。

D 如果累了，就休息一会儿。

E 当然。我们先坐公共汽车，然后换地铁。

F 您放心吧，下了课我就去。

今天的比赛**必须**参加，你什么时候来？（　　）　　答案【F】

<仿>阅读·选择词语完成句子或对话

A 附近　B 只有　C **必须**　D 以为　E 声音　F 跟

HSK 考试（　　）用 2B 铅笔答题。 答案【C】

A 带　B **必须**　C 发　D 了解　E 声音　F 遇到

老师说，今天的事情（　　）今天完成，不要等到明天。 答案【B】

A **必须**　B 旅行　C 新闻　D 经过　E 声音　F 为了

留学生要想在中国找到工作，就（　　）提高自己的汉语水平。 答案【A】

<仿>阅读·阅读句子选择正确答案

要想了解一个国家，除了看书、看电视以外，还**必须**到这个国家的很多地方走走、看看，多和这个国家的人聊天儿，看看他们每天做什么，这样才能了解得更多。

★根据这段话，要了解一个国家，**必须**：

A 到那个国家去　B 多看电视　C 多看书 答案【A】

【不但……而且……】 búdàn···érqiě··· 用在表示递进关系的复句中。(*used in progressive sentences*) not only..., but also...

<仿>听力·听句子判断正误

王丽买了很多书，这些书她**不但**自己读，**而且**还借给同学读。

★王丽的书不借给别人读。（　　） 答案【×】

<仿>阅读·选择词语完成句子或对话

A 虽然　B 或者　C **而且**　D 以为　E 声音　F 当然

这把太阳伞**不但**好看，（　　）很便宜。 答案【C】

A 普通话　B 中文　C **不但**　D 提高　E 声音　F 还是

我们家（　　）爸爸喜欢运动，**而且**哥哥、弟弟都喜欢。 答案【C】

<仿>阅读·阅读句子选择正确答案

邻居的小孩儿才五岁，**不但**会说英语，**而且**会说法语，真是太聪明了。

★那个小孩儿：

A 会说日语　B 会说法语　C 很可爱 答案【B】

<仿>书写·根据拼音写汉字

dàn

麦克不（　　）汉语说得流利，而且中文歌唱得也好。 答案【但】

【差】 chà ①动 缺少。lack, fall short of ②形 不好。bad

扩展与搭配 差得远 chà de yuǎn　差多了 chàduō le　差五分 chà wǔ fēn
差两个 chà liǎng gè　差一年 chà yì nián
数学差 shùxué chà　成绩差 chéngjì chà

<仿>听力·听句子判断正误

这次考试，小林数学、语文成绩特别好，历史也不错，只有英语，考得特别不好。

★小林英语成绩很**差**。(　　)　答案【√】

<仿>阅读·选择词语完成句子或对话

A 哭　B **差**　C 要求　D 爱好　E 主要　F 方便

A：现在(　　)五分十一点了，明天再复习吧。

B：我再看一会儿，您先睡吧。　答案【B】

A **差**　B 当然　C 香蕉　D 爱好　E 多么　F 或者

A：我们要去看电影，一起去吧？

B：好，等我一下，我作业还(　　)一点儿就写完了。　答案【A】

【除了】 chúle 介 表示所说的不计算在内，后面可与"外""以外""之外""而外"等搭配使用。跟"还、也、只"搭配使用，表示在提到的以外，还有别的。except, besides

<仿>阅读·根据句子选择上下文

A 你先帮我把书拿到教室，我回房间关空调。

B 这是去年的裤子，我今年胖了，不能穿了。

C 如果你感冒了，记得去医院看病。

D 记住了，一会儿我都放在包里。

E 这个城市的街道很干净，我很喜欢这个城市。

考试的时候**除了**带 2B 铅笔外，还得带护照。(　　)　答案【D】

<仿>阅读·选择词语完成句子或对话

A 城市　B 游戏　C **除了**　D 爱好　E 几乎　F 参加

A：这个地方的冬天(　　)冷以外，还常常刮大风。

B：是啊，我刚来的时候一点儿也不习惯。　答案【C】

A 张　B 半　C 为了　D 地图　E 声音　F **除了**

玛丽刚来中国半年，(　　)上海以外，其他城市都没去过。　答案【F】

<仿>阅读·阅读句子选择正确答案

留学的几年里，罗兰一直很努力地学习。大学毕业后，她在中国找到了工作。她觉得现在**除了**要认真工作以外，还应该去中国的各个地方旅游，多了解中国文化。

★关于罗兰，可以知道什么？

A 努力学习汉语　　B 认真地工作　　C 正在找工作　　答案【B】

【当然】 dāngrán ① 副 表示合于事理或情理，没有疑问。certainly, of course
② 形 应当这样。certain

扩展与搭配　当然可以 dāngrán kěyǐ　　当然去了 dāngrán qù le
当然要参加 dāngrán yào cānjiā
当然了 dāngrán le

固定搭配　理所当然 lǐsuǒdāngrán

<仿>阅读·根据句子选择上下文

A 你每天吃完饭都出去散步吗？

B 我觉得那个电脑太贵了。

C 以前这里是一个银行，现在是一家饭馆了。

D 别一边吃饭一边看手机。

E **当然**。我们先坐公共汽车，然后换地铁。

F 你们班谁学习最好？

当然是张东了，他每次考试都第一。(　　)　　答案【F】

<仿>阅读·选择词语完成句子或对话

A 只有　B **当然**　C 河　D 爱好　E 秋　F 比较

A：他的汉语说得真好。

B：(　　)了，你不知道吗？他爸爸是中国人。　　答案【B】

<仿>书写．用所给词语整理句子

我　这个　比赛　参加　要　**当然**　　参考答案：我**当然**要参加这个比赛。

<仿>书写·根据拼音写汉字

rán
这是图书馆的书，你当（　　）可以借。　　答案【然】

【地】 de 助 是句子中状语的标志。*an adverbial marker*

扩展与搭配　高兴地说 gāoxìng de shuō　　努力地学习 nǔlì de xuéxí

慢慢地习惯 mànmàn de xíguàn　快乐地生活 kuàilè de shēnghuó
着急地对我说 zháojí de duì wǒ shuō

<仿>阅读·选择词语完成句子或对话

A 得　B 的　C **地**　D 才　E 声音　F 过

玛丽高兴（　）告诉我，她汉语考试得了第一名。　答案【C】

<仿>阅读·阅读句子选择正确答案

麦克刚到中国的时候，没有朋友，听不懂别人说话，吃的东西也跟自己的国家不一样。现在他有了中国朋友，也慢慢**地**习惯了这儿的生活。

★根据这段话，可以知道麦克现在：

A 还没有朋友　B 不懂汉语　C 生活上已经习惯了　答案【C】

<仿>书写·用所给词语完成句子

妈妈　说　高兴　我　**地**　对　参考答案：妈妈高兴**地**对我说。

<仿>书写·根据拼音写汉字

de
同学们都在认真（　）听老师讲课。　答案【**地**】

【多么】 duōme [副]（a）用在感叹句里，表示程度高。*used in an exclamatory sentence to indicate a high degree*（b）指较深的程度。*referring to a great extent*

扩展与搭配　多么重要 duōme zhòngyào　多么好的事情 duōme hǎo de shìqing
多么不容易 duōme bù róngyì　多么希望 duōme xīwàng

近义词　多 duō

<仿>阅读·选择词语完成句子或对话

A **多么**　B 一样　C 季节　D 过去　E 声音　F 结束

下个月莎拉就要回国了，她（　）希望能再来中国啊！　答案【A】

A **多么**　B 张　C 又　D 爱好　E 经过　F 其实

A：能到中国学汉语，这是一个（　）好的机会啊！
B：是啊，每个人都想去呢。　答案【A】

【根据】 gēnjù [动] 说话或做事情的基础。according to

扩展与搭配　根据爱好 gēnjù àihào　根据兴趣 gēnjù xìngqù
根据事实 gēnjù shìshí　根据什么 gēnjù shénme

<仿>阅读·阅读句子选择正确答案

现在大学生越来越多，工作也越来越难找。其实，找工作的时候很重要的一点就是要**根据**自己的兴趣来找。

★说话人认为，找工作：

A 很容易　　B 能锻炼人　　C 要找自己喜欢的　　答案【C】

<仿>书写·用所给词语完成句子

很多人　工作　**根据**　选择　兴趣爱好

参考答案：很多人**根据**兴趣爱好选择工作。

【跟】 gēn ①介 引进动作的对象；同。with ②连 表示联合关系；和。and

扩展与搭配
跟老师请假 gēn lǎoshī qǐngjià　　跟她恋爱 gēn tā liàn'ài
跟……相同 gēn…xiāngtóng　　跟……相反 gēn…xiāngfǎn
跟……不一样 gēn…bù yíyàng　　跟……差不多 gēn…chàbuduō
妈妈跟孩子 māma gēn háizi

<仿>听力·听句子判断正误

来中国后，麦克努力学习汉语，说得越来越流利了，听说他正在**跟**一个中国女孩恋爱呢。

★麦克的女朋友是中国人。（　）　　答案【√】

不上课的时候，我喜欢在宿舍听音乐，同屋**跟**我不一样，他喜欢运动，常常去打篮球。

★同屋喜欢听音乐。（　）　　答案【×】

<仿>阅读·根据句子选择上下文

A 他每天都散半个小时步。
B 请问，地铁站在哪儿？
C 我们已经很长时间没见面了。
D 你累了吧？在这儿休息一下吧。
E 今天电视里有足球比赛，你想不想看？

当然要看啊！我**跟**你一样，也喜欢看足球。（　）　　答案【E】

<仿>阅读·选择词语完成句子或对话

A 或者　B **跟**　C 锻炼　D 爬山　E 声音　F 打扫

（　　）刚来时比，他现在的汉语好多了，能和中国人聊天儿了。　答案【B】

A 上网　B 故事　C **跟**　D 爱好　E 周末　F 中间

A：妈妈同意（　　）我一起去法国旅游了。

B：太好了！她一直都很忙，终于可以好好儿休息一下了。　答案【C】

<仿>书写 · 根据拼音写汉字

gēn

北方的冬天（　　）南方不一样。　答案【**跟**】

【更】 gèng 副 表示程度增高，更加。more

扩展与搭配　更坏 gèng huài　更健康 gèng jiànkāng

更冷 gèng lěng　更喜欢 gèng xǐhuan　更美 gèng měi

近义词　更加 gèngjiā

<仿>听力 · 听对话选择正确答案

女：今天气温是零下 10 度，真冷啊！

男：天气预报说，明天比今天还低 5 度呢。

问：明天天气怎么样？

A **更**冷　B 零下 10 度　C 零下 5 度　答案【A】

<仿>阅读 · 根据句子选择上下文

A 我今天去博物馆了。

B 需要我帮忙吗？

C 是啊，还是图书馆安静，我也喜欢去那儿学习。

D 我们怎么去？坐火车还是坐飞机？

E 当然。我们先坐公共汽车，然后换地铁。

F 比赛很晚才开始呢。

我**更**愿意在图书馆看书，不愿意去教室。（　　）　答案【C】

<仿>阅读 · 选择词语完成句子或对话

A **更**　B 感冒　C 几乎　D 影响　E 声音　F 画

现在的年轻人结婚一定要有车有房，但也有人认为快乐（　　）重要。答案【A】

A 一般　B 万　C **更**　D 爱好　E 游戏　F 变化

A：王阿姨，这张照片是我姐姐大学毕业时照的。

B：是吗？她现在比以前（　　）漂亮了。　　答案【C】

【关于】 guānyú 介 表示动作所涉及的人，或事物所涉及的范围。about, with regard to

扩展与搭配 关于这个问题 guānyú zhège wèntí　关于那件事 guānyú nà jiàn shì
关于学习的问题 guānyú xuéxí de wèntí
关于留学的问题 guānyú liúxué de wèntí

<仿>阅读 · 选择词语完成句子或对话

A 必须　B 游戏　C 重要　D 爱好　E **关于**　F 照片

（　　）这篇课文，我有几个句子不太懂，想去问问林老师。　　答案【E】

<仿>阅读 · 阅读句子选择正确答案

我今天新买了一本书，里面的故事都是和中国节日有关系的，你想看吗？过几天我借给你看。

★这本书：

A 是旧的　B 他想去图书馆借　C 是**关于**中国节日的　答案【C】

昨天我看了一个电视节目，是**关于**中国茶的历史的，特别有意思。

★昨天"我"：

A 喝了一杯茶　B 看了一个电视节目　C 学习了历史　答案【B】

<仿>书写 · 用所给词语完成句子

几本　汉语语法　的　他买了　**关于**　书

参考答案：他买了几本**关于**汉语语法的书。

【过】 guò 动 经过（处所），经过或度过（某个空间或时间）。pass, go through (some place or some time)

guo 助 用在动词之后，表示过去有这样的经历或某种动作、状态。*used after a verb to indicate the completion of an action or a state*

扩展与搭配 过桥 guò qiáo　过河 guò hé
过年 guònián　过不去 guò bu qù
去过 qùguo　吃过 chīguo　听过 tīngguo
学过 xuéguo　来过 láiguo

<仿>听力 · 听对话选择正确答案

女：你能帮我看看这句话是什么意思吗？里面有一个词我没学**过**。

男：我 10 年前学**过**汉语，不过现在差不多都忘了。

问：关于男的，下列哪个正确？

A 打算学汉语　　B 正在学汉语　　C 以前学**过**汉语　　答案【C】

女：那个女孩我怎么没见**过**呢？

男：你说穿白裙子那个吗？她是新来的同事，刚大学毕业。

问：关于那个女孩，下列哪个正确？

A 穿白衬衫　　B 女的不认识　　C 上大学呢　　答案【B】

<仿>阅读 · 根据句子选择上下文

A 我也不知道，你再问问别人吧。

B 后来他们怎么样了？

C 明天的会议很重要，你别迟到了。

D 是吗？他在那儿上大学还是工作？

E 饭马上就好，你先吃点儿蛋糕吧。

他以前在上海住**过**一段时间。（　　）　　答案【D】

<仿>阅读 · 选择词语完成句子或对话

A 检查　B 用　C 礼物　D 爱好　E 啤酒　F **过**

A：今天我们要回家和爸妈（　　）节，你下班记得买些东西。

B：好的，我买鲜花，再买些水果带着。　　答案【F】

A **过**　B 认为　C 试　D 爱好　E 清楚　F 提高

A：你看（　　）京剧吗？

B：中国的京剧我看不懂啊，你呢？　　答案【A】

<仿>阅读 · 阅读句子选择正确答案

我小时候跟爷爷、奶奶一起在农村生活，上学时要**过**一条河，那时候觉得那条河太宽了，长大了才发现那条河其实一点儿也不宽，是我那时候个子太小了。

★"我"小时候：

A 在城市生活　　B 上学的时候要**过**河　　C 不喜欢上学　　答案【B】

【还】 hái 副（a）现象继续存在或动作继续进行。still（b）表示附加条件。moreover

扩展与搭配 还要去 hái yào qù 不贵，还好吃 bú guì, hái hǎochī

<仿>阅读 · 根据句子选择上下文

A 你觉得这家宾馆怎么样？
B 不用拿太多东西，我们后天就回来了。
C 健康是最重要的。
D 你不是要去图书馆吗？我也去。
E 我坐地铁去，15 分钟就到了。
房间干净，**还**有空调，挺好的，就住这儿吧。（ ） 答案【A】

A 今天早上我**还**在楼梯口见到他了呢。
B 你最近怎么了？忙不忙？
C 写了两个小时的作业，太累了！
D 你该多花点儿时间跟父母在一起，跟他们聊聊天儿。
E 当然。我们先坐公共汽车，然后换地铁。
F 洗完衣服我就去。
小王怎么了？怎么一直没来上班？（ ） 答案【A】

【还是】 háishi ① 副（a）现象继续存在或动作继续进行，有“仍然”的意思。still（b）表示经过比较、考虑认为某种做法或某种事物比较好。had better ② 连 用在问句里表示选择，放在每一个选择的项目前面，第一项之前可以不用“还是”。or

扩展与搭配 还是很冷 háishi hěn lěng 还是走路去吧 háishi zǒulù qù ba
啤酒还是饮料 píjiǔ háishi yǐnliào

<仿>听力 · 听对话选择正确答案

女：下午去公园玩儿，骑车还是坐车呢？
男：那个公园离这里不远，我们**还是**走路去吧。
问：他们打算怎么去？
A 骑自行车 B 坐车 C 走路 答案【C】

<仿>阅读 · 根据句子选择上下文

A 学校旁边有地铁站，很方便。
B 我们就去两三天，**还是**少拿一些东西吧。
C 不舒服的话，就休息一天吧。
D 欢迎回家！给我买礼物了吗？

E 我觉得这个学校很有名。

一会儿我检查一下行李箱，不重要的东西就不带了。（　　）　　答案【B】

<仿>阅读 · 选择词语完成句子或对话

A 有名　B 除了　C **还是**　D 长　E 声音　F 世界

这个会议非常重要，你（　　）去参加吧。　　答案【C】

A 跟　B 终于　C **还是**　D 爱好　E 年轻　F 夏

A：你想喝点儿什么？啤酒（　　）茶？

B：啤酒吧，今天晚上坐出租车回去。　　答案【C】

【或者】 huòzhě 连 表示选择，有时用一个“或者”，有时用“或者……或者……”。or

扩展与搭配　渴了或者饿了 kěle huòzhě è le

发邮件或者发微信 fā yóujiàn huòzhě fā wēixìn

我去或者你来 wǒ qù huòzhě nǐ lái

<仿>阅读 · 选择词语完成句子或对话

A 一般　B 干净　C **或者**　D 爱好　E 刮风　F 宾馆

A：第一次去女朋友家，你帮我想想带什么礼物好呢？

B：带一些鲜花（　　）买一些水果都可以。　　答案【C】

<仿>阅读 · 阅读句子选择正确答案

我最喜欢喝茶了，花茶、绿茶、红茶、白茶，我都喜欢，天冷了**或者**工作累了的时候，我常常喝杯热茶，感觉舒服极了。

★关于说话人，可以知道什么？

A 不喝茶　B 工作很忙　C 喜欢喝茶　　答案【C】

我们教室的灯突然坏了，我得叫赵老师帮忙看一下。对了，我下午要出去，不在学校，有什么事就给我发微信**或者**打我手机。

★有事要找他，可以：

A 到办公室　B 打电话　C 发邮件　　答案【B】

<仿>书写 · 根据拼音写汉字

zhě

周末他一般在家看书或（　　）听音乐，有时候也和朋友聊天儿。　　答案【者】

【几乎】 jīhū 副（a）表示非常接近。almost（b）差点儿。almost

扩展与搭配 几乎没有声音 jīhū méiyǒu shēngyīn　几乎没认出来 jīhū méi rèn chūlái
几乎忘了 jīhū wàng le　几乎迟到 jīhū chídào
几乎摔倒 jīhū shuāidǎo

近义词 差不多 chàbuduō

<仿>阅读·根据句子选择上下文

A 每天晚上楼下的公园里都会有很多老人跳舞。
B 这个字你没学过吗？
C 别太累了，要注意身体。
D 我想去超市买这种饮料。
E 爸爸、妈妈高兴极了。

我工作特别忙，**几乎**没时间和孩子一起玩儿。（　　）　答案【C】

<仿>阅读·选择词语完成句子或对话

A **几乎**　B 以前　C 故事　D 参加　E 声音　F 双

我 20 年前学过英语，多年不用，（　　）都忘了。　答案【A】

<仿>阅读·阅读句子选择正确答案

现在中国的城市和以前一点儿都不一样了。几年不去，等你再去的时候，就会发现那里的变化非常大，**几乎**不认识了。

★根据这段话，可以知道：

A 中国城市**几乎**没变　B 中国城市变化大　C 城市变化不快　答案【B】

【极】 jí 副 表示最高程度。extremely

扩展与搭配 好极了 hǎojí le　快极了 kuàijí le　极不清楚 jí bù qīngchu
极不安全 jí bù ānquán　重要极了 zhòngyào jí le

<仿>阅读·选择词语完成句子或对话

A 西　B 感兴趣　C **极**　D 爱好　E 如果　F 当然

A：我写完了，您看看，汉字写得还可以吗？
B：好（　　）了，你写得越来越漂亮了。　答案【C】

A 一会儿　B **极**　C 相同　D 马上　E 声音　F 瘦

在太阳下看书或者在车上看书，或者长时间看电脑，对眼睛（　　）不好。
答案【B】

<仿>书写 · 用所给词语完成句子

极　害怕　了　妹妹　　　参考答案：妹妹害怕**极**了。

<仿>书写 · 根据拼音写汉字

　　　　jí
妈妈做的饭菜好吃（　　）了，我每次都吃很多。　　　答案【**极**】

【经常】jīngcháng [形] 平常的，一般的，平时的。day-to-day, often

扩展与搭配　经常的事 jīngcháng de shì　　经常加班 jīngcháng jiābān
经常锻炼 jīngcháng duànliàn

<仿>听力 · 听句子判断正误

我以前**经常**去电影院看电影，但是现在工作太忙了，没有时间去电影院，我就在电视上看电影。

★他现在**经常**去电影院看电影。（　　）　　　答案【×】

<仿>听力 · 听对话选择正确答案

女：老同学，都几点了，怎么还在公司啊？

男：我们公司最近要开一个会，这两个月加班是**经常**的事。

问：关于男的，可以知道什么？

A 正在开会　　B 正在加班　　C 正在吃晚饭　　答案【B】

<仿>阅读 · 根据句子选择上下文

A 下班后我们一起吃个饭吧？

B 会议还没结束，我一会儿再给你打电话。

C 最近身体怎么样？听说你前一段时间生病了？

D 你买的水果是不是很贵？

E 当然。我们先坐公共汽车，然后换地铁。

F 如果累了，就休息一会儿。

现在没事了，这段时间我**经常**锻炼，身体还不错。（　　）　　答案【C】

<仿>书写 · 用所给词语完成句子

下雪　的　冬天　哈尔滨　**经常**　　参考答案：哈尔滨的冬天**经常**下雪。

<仿>书写 · 根据拼音写汉字

　　jīng
我早上（　　）常看见楼下的张大爷打太极拳。　　　答案【经】

【经过】 jīngguò ① 动 通过（处所、时间、动作等）。pass, go through (a place, time, action, etc.)
② 名（经历的）过程。course, process

扩展与搭配 经过一个公园 jīngguò yí gè gōngyuán
调查的经过 diàochá de jīngguò　事情的经过 shìqing de jīngguò

<仿>听力·听句子判断正误

王丽，你把事情的**经过**讲一讲，看看我能不能帮助你。

★他想让王丽讲故事。（　　）　答案【×】

<仿>阅读·选择词语完成句子或对话

A 关　B 一直　C **经过**　D 简单　E 声音　F 了解

我去地铁站的时候都会（　　）一个街心花园。　答案【C】

<仿>阅读·阅读句子选择正确答案

那件事情的**经过**让我明白了：不能什么事情都要别人来帮忙，有些事情一定要自己去做，只有这样，自己才能变得更好。

★根据这段话，可以知道有些事情：

A 一定要别人帮助　B 一定要自己做　C 要让别人去做　答案【B】

我住的那条街，每天都有很多车**经过**，星期六和星期日也一样，想晚点儿起床都不行。

★他住的地方：

A 人很多　B 车很多　C 有地铁站　答案【B】

【其实】 qíshí 副 指出要说的才是实际情况，有转折的意思。in fact

扩展与搭配 其实想去 qíshí xiǎng qù　其实不懂 qíshí bù dǒng
其实很重要 qíshí hěn zhòngyào　其实很简单 qíshí hěn jiǎndān

<仿>听力·听句子判断正误

其实我特别想和你们一起去旅游，但是我最近太忙了。

★他不想去旅游。（　　）　答案【×】

<仿>阅读·选择词语完成句子或对话

A 聊天儿　B **其实**　C 别人　D 迟到　E 声音　F 回答

你（　　）是个聪明的孩子，只是不努力。　答案【B】

A 要求　B **其实**　C 一般　D 太阳　E 声音　F 被

有人认为，生活中吃的、穿的、住的很重要，但我觉得（　　）快乐更重要。

答案【B】

<仿> 书写 · 根据拼音写汉字

qí

这道数学题看起来简单，（　　）实很容易做错。　答案【其】

【其他】 qítā 代 别的。other

扩展与搭配　其他事 qítā shì　其他人 qítā rén　其他教师 qítā jiàoshī

其他班级 qítā bānjí　其他问题 qítā wèntí

其他时间 qítā shíjiān　其他运动 qítā yùndòng

<仿> 阅读 · 选择词语完成句子或对话

A 耽误　B 普通话　C **其他**　D 爱好　E 换　F 一直

A：怎么样，这个房子您还满意吧？

B：确实挺好的，但我还想看看（　　）的。　答案【C】

<仿> 阅读 · 阅读句子选择正确答案

她和她丈夫都是老师，每年的暑假都去旅游。他们已经去过了东北三省所有有名的城市，明年暑假他们打算去中国的**其他**城市，三年后要去国外有名的城市。

★根据这段话，可以知道他们明年可能去哪儿旅游？

A 中国东北　B 中国南方的城市　C 国外　答案【B】

<仿> 书写 · 用所给词语完成句子

其他同学　成绩　也有　的　很大提高　参考答案：**其他**同学的成绩也有很大提高。

【如果】 rúguǒ 连 表示假设。if, in case

扩展与搭配　如果不来 rúguǒ bù lái　如果下雨 rúguǒ xià yǔ

如果车多 rúguǒ chē duō　如果告诉我 rúguǒ gàosu wǒ

如果不懂 rúguǒ bù dǒng

近义词　要是 yàoshi

<仿> 听力 · 听句子判断正误

如果有人告诉你一个城市很好，你可能不相信，只有自己看过了，你才知道别人说的是不是真的。这是因为人们更愿意相信自己的眼睛。

★人们有时不愿意相信听到的事情。（　　）　答案【√】

<仿>听力·听对话选择正确答案

女：**如果**你明天不忙，能和我一起去爬山吗？

男：明天我有点儿事，后天怎么样？

问：他们打算什么时候去爬山？

A 今天　B 明天　C 后天　答案【C】

<仿>阅读·阅读句子选择正确答案

学过的东西，**如果**不经常复习，过几天就会忘记。所以，学过的东西要经常看一看，就不会忘得那么快了。

★学习时**如果**不复习：

A 也不会忘　B 会忘得快　C 也没关系　答案【B】

【特别】 tèbié ①形 不普通。special, extraordinary ②副 非常，格外。especially, very

扩展与搭配　特别得很 tèbié de hěn　很特别 hěn tèbié

特别快 tèbié kuài　特别生气 tèbié shēngqì　特别好 tèbié hǎo

<仿>听力·听句子判断正误

昨天晚上下了一场大雪，今天早上起来，房子、街道和树全都白了，像童话世界，**特别**漂亮。

★昨天晚上的雪下得很大。（　　）　答案【√】

<仿>阅读·选择词语完成句子或对话

A 结束　B 需要　C 一会儿　D **特别**　E 声音　F 一共

我（　　）喜欢这个电影，但是今天没时间，周末一定去看。　答案【D】

<仿>阅读·阅读句子选择正确答案

现在城市的街道上，车越来越多，**特别**是上下班时间。所以越来越多的人希望，人们出去的时候能多坐公共汽车和地铁，这样开车的人少了，路上的车也就不会那么多了。

★说话人是什么意思？

A 上下班时路上车多　B 城市里人多　C 城市没有地铁　答案【A】

玛丽从12岁开始学习汉语，到现在已经10年了，她汉语说得**特别**流利，就像中国人一样。

★根据这段话，可以知道：

A 玛丽今年 20 岁　　B 玛丽的汉语很好　　C 玛丽在中国　　答案【B】

今天老师给小林的爸爸打电话，告诉他小林这几天都没完成作业，上课的时候还睡觉。爸爸听了**特别**生气，因为他知道小林又玩儿电子游戏了。

★根据这段话，可以知道：

A 小林学习很努力　　B 小林爸爸很生气　　C 小林爸爸给老师打电话

答案【B】

<仿>书写·用所给词语完成句子

高　个子　她儿子　**特别**　　参考答案：她儿子个子**特别**高。

【突然】 tūrán 形 事情发生得快而且让人想不到。sudden

扩展与搭配　突然下雨 tūrán xià yǔ　突然哭了 tūrán kū le

<仿>听力·听句子判断正误

一到夏天，我的包里总要放一把伞，因为有时候早上还是晴天，中午可能就会**突然**下起雨来。

★夏天有时候雨下得很**突然**。(　　)　　答案【√】

今天是玛丽的生日，大家为她买了一个蛋糕，还一起唱了生日歌，可是玛丽**突然**哭了，原来是想家了。

★玛丽因为过生日哭了。(　　)　　答案【×】

<仿>阅读·选择词语完成句子或对话

A 关心　B **突然**　C 变化　D 爱好　E 上网　F 才

A：我的地铁卡呢？怎么(　　)找不到了？

B：哈哈，看看你手里拿的是什么？　　答案【B】

A 分　B 太阳　C **突然**　D 结束　E 声音　F 如果

下课的时候(　　)下起大雨来了，可是我没带伞，回不了家了。　　答案【C】

【为】 wèi 介 (a) 表示行为的目的。for (the purpose of) (b) 表示行为的对象；替。for (somebody)

扩展与搭配　为提高汉语水平而努力学习 wèi tígāo Hànyǔ shuǐpíng ér nǔlì xuéxí

为她准备生日礼物 wèi tā zhǔnbèi shēngrì lǐwù　为班级 wèi bānjí
为人民 wèi rénmín　为老人 wèi lǎorén　为大家 wèi dàjiā

<仿>阅读·根据句子选择上下文

A 欢迎欢迎，到我旁边坐吧。
B 你感冒好点儿了吗？还发烧吗？
C 这是我第一次到上海来，你以前来过吗？
D 她刚学会开车，路上的车太多了，她有点儿害怕。
E 妈妈的爱好影响着孩子。

我**为**大家介绍一下，这位是我们班的新同学。（　　）　答案【A】

<仿>阅读·选择词语完成句子或对话

A 年轻　B 新闻　C **为**　D 爱好　E 起来　F 久

A：明天是爸爸的生日，我（　　）他准备了一瓶他爱喝的红酒。
B：那我就做几个他爱吃的菜。　答案【C】

<仿>书写·根据拼音写汉字

wèi
今天是教师节！同学们（　　）老师准备了花。　答案【**为**】

【为了】 wèile 介 表示动作的目的。for (the sake of)

扩展与搭配　为了安全 wèile ānquán　为了工作 wèile gōngzuò
为了健康 wèile jiànkāng　为了国家 wèile guójiā　为了人民 wèile rénmín
为了自己 wèile zìjǐ　为了学习 wèile xuéxí

<仿>听力·听句子判断正误

为了欢迎客人的到来，妈妈把房间打扫得干干净净。
★今天家里来客人。（　　）　答案【√】

为了更好地了解中国文化，我不仅要学习汉语，暑假还要到中国去看看。
★他到中国是**为了**更好地了解中国文化。（　　）　答案【√】

<仿>阅读·选择词语完成句子或对话

A 遇到　B **为了**　C 解决　D 热情　E 声音　F 起飞

（　　）提高自己的汉语水平，他决定到中国留学。　答案【B】

A 附近　B **为了**　C 经过　D 爱好　E 辆　F 种

A：听说（　　）找到一个好工作，麦克两年前就已经开始学习汉语了。

B：是的，除了汉语以外，麦克还打算学西班牙语。　答案【B】

【向】xiàng 介 表示动作的方向。to, towards

扩展与搭配　向左转 xiàng zuǒ zhuǎn　向前看 xiàng qián kàn

向后跑 xiàng hòu pǎo　面向大海 miàn xiàng dàhǎi

<仿>听力·听句子判断正误

同学们看左边，墙上有两张地图，一张是中国地图，一张是世界地图。

★老师让同学们**向**左边看。（　　）　答案【√】

<仿>阅读·选择词语完成句子或对话

A 饱　B 请假　C 文化　D 带　E 声音　F **向**

人不能总是想着过去不好的事情，这样会不快乐，应该（　　）好的方面看。

答案【F】

A 只有　B 先　C **向**　D 出现　E 声音　F 云

你一直走，看到一个超市，再（　　）左走就到了！　答案【C】

<仿>阅读·阅读句子选择正确答案

如果你**向**别人借东西，用完要早一点儿还回去，这样你下次再借的话，别人才会愿意借给你。

★**向**别人借东西：

A 等着别人要的时候再还　B 要记得早点儿还　C 不着急还　答案【B】

有的人只知道"前、后、左、右"，不知道"东、西、南、北"，所以他们问路的时候，你跟他们说"**向**北"走，他们一般是找不到"北"的。

★根据这段话，可以知道有的人：

A 知道"**向**左"怎么走　B 知道"**向**南"怎么走　C 习惯说"东、西、南、北"

答案【A】

【一定】yídìng 副 表示意志的坚决或者相信某事确定无疑。sure, certainly

扩展与搭配　不一定 bù yídìng　一定来 yídìng lái　一定去 yídìng qù

一定买 yídìng mǎi　一定会再见面 yídìng huì zài jiànmiàn

<仿>听力 · 听句子判断正误

明天我就要回国了，欢迎大家到法国去旅行，以后有机会我**一定**会回来看你们的。

★以后他不会回来看大家的。(　　)　　答案【×】

<仿>阅读 · 根据句子选择上下文

A 有不明白的地方吗？如果有，大家可以问我。

B 别着急，给老师打电话吧，他**一定**可以帮我们。

C 你喝什么？茶还是咖啡？

D 今天图书馆里人真多。

E 当然。我们先坐公共汽车，然后换地铁。

F 早点儿睡吧，明天还要上班呢。

我们现在怎么办？你快想想办法啊！（　　）　　答案【B】

<仿>阅读 · 选择词语完成句子或对话

A 借　　B 筷子　　C 打算　　D **一定**　　E 声音　　F 遇到

别担心，经理（　　）会同意我们去的。　　答案【D】

A 举行　　B **一定**　　C 节日　　D 爱好　　E 教　　F 结婚

A：你得还信用卡了，今天是最后一天，别忘了。

B：好，(　　) 不会忘的。　　答案【B】

【一边】 yìbiān 副 表示两个以上的动作同时进行（一边……一边……）。*indicating two or more actions taking place at the same time*

扩展与搭配　一边……一边…… yìbiān…yìbiān…

一边吃一边喝 yìbiān chī yìbiān hē

一边说一边笑 yìbiān shuō yìbiān xiào

一边走一边跳 yìbiān zǒu yìbiān tiào

<仿>听力 · 听句子判断正误

现在差不多每个人都有手机，工作、学习也经常用手机，所以很多人有这样的习惯：**一边**走路**一边**看手机。

★很多人走路的时候看手机。(　　)　　答案【√】

<仿>阅读 · 根据句子选择上下文

A 明天有考试，我还有很多没复习呢。

B 如果你不舒服，就去医院看看吧。

C 这件事情很重要，你一定要告诉他。

D 外面下雪了，风刮得很大。

E 我以为你不会来了呢，怎么这么晚才来？

别**一边**吃饭**一边**看书，吃完再看吧。（　　）　　答案【A】

<仿>阅读·阅读句子选择正确答案

以前，朋友们一起吃饭的时候，会**一边**吃东西，**一边**说着过去的事情，大家都会很开心。现在大家都忙了，连见面的时间都少了。

★根据这段话，可以知道：

A 现在大家经常见面　　B 朋友见面时边吃边聊　C 现在大家总见面　　答案【B】

【应该】yīnggāi 动 一定要这样。should

扩展与搭配　应该工作 yīnggāi gōngzuò　应该吃饭 yīnggāi chīfàn　应该多练习 yīnggāi duō liànxí　不应该 bù yīnggāi　应该有 yīnggāi yǒu　应该开心 yīnggāi kāixīn　应该了解 yīnggāi liǎojiě

近义词　应当 yīngdāng/ 应 yīng

反义词　不必 búbì

<仿>听力·听句子判断正误

同学们，老师对你们有几个要求：第一，按时上课不迟到；第二，上课认真听课；第三，课后好好儿复习生词和课文，认真做作业。

★同学们**应该**好好儿学习。（　　）　　答案【√】

<仿>阅读·根据句子选择上下文

A 复习的时候一定要认真。

B 你出去的时候记得多穿点儿。

C 你怎么了？发烧了吗？

D 我的车在路上坏了，你不用等我了。

E 你不**应该**每天睡觉前还看手机，你必须早点儿睡。

我以后要把手机放在书桌上，不放在床头了。（　　）　　答案【E】

<仿>阅读·选择词语完成句子或对话

A 节目　B 秋　C 才　D 爱好　E **应该**　F 突然

A：玛丽，你看看我写的句子对不对？

B：我看看。这个字写错了，你（　　）这样写。　　答案【E】

<仿>阅读·阅读句子选择正确答案

上个星期和朋友们去爬山，把我累坏了，腿疼了好几天。看来我是**应该**多运动运动了。从明天开始我要每天早上起来跑步。

★根据这段话，可以知道：

A 爬完山他腿不疼　　B 他要锻炼身体了　　C 他经常跑步　　答案【B】

【又】 yòu 副（a）表示一个动作或状态重复发生。again（b）表示几种情况同时存在。(both...) and

扩展与搭配　又说了一句话 yòu shuōle yí jù huà
看了一遍又一遍 kànle yí biàn yòu yí biàn
又高又大 yòu gāo yòu dà
又聪明又漂亮 yòu cōngmíng yòu piàoliang

<仿>阅读·根据句子选择上下文

A 你的眼镜在桌子上呢，找到了吗？
B 明天几点考试？是9点吗？
C 你妈妈的身体怎么样了？
D 是啊，她今年三年级了。
E 当然。我们先坐公共汽车，然后换地铁。
F 这件衣服你喜欢就买吧。

你妹妹**又**聪明**又**可爱。（　　）　　答案【D】

<仿>阅读·选择词语完成句子或对话

A 角　　B **又**　　C 比赛　　D 爱好　　E 节日　　F 然后

A：我（　　）想吃火锅了，今天下班我们去吃啊。
B：还吃啊，我们还是吃别的吧。　　答案【B】

<仿>书写·用所给词语完成句子

又好吃　这家　**又**便宜　西瓜　超市的

参考答案：这家超市的西瓜**又**便宜**又**好吃。

【越】 yuè 副 表示程度随着条件的而变化而变化（越……越……）。the more... (the more...)

扩展与搭配　越……越…… yuè…yuè…　　越快越好 yuè kuài yuè hǎo
越长越高 yuè zhǎng yuè gāo　　雨越下越大 yǔ yuè xià yuè dà

越来越快 yuèláiyuè kuài

<仿>听力·听句子判断正误

现在**越**来**越**多的人坐高铁去旅游，因为高铁又舒服又方便。

★很多人旅游的时候坐火车。(　　)　　答案【√】

<仿>阅读·根据句子选择上下文

A 你想吃面条儿还是米饭?

B 雨**越**下**越**大了，怎么走啊?

C 我去超市买东西，你有什么要买的吗?

D 这几天有点儿冷，你多穿点儿衣服。

E 当然。我们先坐公共汽车，然后换地铁。

F 晚上你一般干什么?

别担心，我包里有伞。(　　)　　答案【B】

<仿>阅读·阅读句子选择正确答案

现在中国的火车是**越**来**越**快了，以前从沈阳到西安坐火车差不多 27 个小时，现在 10 个小时就到了。

★根据这段话，可以知道：

A 火车票很贵　　B 火车**越**来**越**快　　C 坐火车很累　　答案【B】

刚来中国的时候，我只会说“你好”“谢谢”和“再见”，觉得声调特别难，现在老师说我的汉语**越**来**越**好了。

★根据这段话，可以知道什么?

A 他不会汉语　　B 他正在学习汉语　　C 他不学习汉语了　　答案【B】

【只】 zhǐ 副（a）表示仅限于某范围。only（b）只有，仅有。only

扩展与搭配　只我一个男生 zhǐ wǒ yí gè nánshēng

只会 zhǐ huì　只去过 zhǐ qùguo　只来了五个人 zhǐ láile wǔ gè rén

只读不写 zhǐ dú bù xiě　只想说 zhǐ xiǎng shuō　只学过 zhǐ xuéguo

<仿>听力·听句子判断正误

学习汉语不能**只**会读不会写，应该听、说、读、写都要练习。你的口语很好，但是汉字写得不好，你要多练习写汉字。

★他的口语还不错。(　　)　　答案【√】

<仿>阅读 · 选择词语完成句子或对话

A 爷爷　B 像　C 同事　D 马　E 声音　F **只**

我来中国的时间不长，所以（　　）去过故宫。　答案【F】

A 把　B 画　C 需要　D 其实　E 声音　F **只**

我（　　）去过南方的几个城市，没去过北方。今年夏天我要去北方旅游。

答案【F】

A **只**　B 以为　C 长　D 爱好　E 锻炼　F 音乐

A：你喜欢看这种电视节目？

B：我（　　）想让自己休息一下，这种节目看完很开心。　答案【A】

<仿>阅读 · 阅读句子选择正确答案

很多大学生毕业后不想回到原来的地方，**只**想在大城市生活。虽然在大城市生活很难，但是他们还是觉得大城市机会多。

★根据这段话，可以知道大学生：

A 想在大城市学习　B 在哪儿生活都可以　C 想在大城市找工作　答案【C】

【只有……才……】 zhǐyǒu…cái…　表示必需的条件。only if, provided that

扩展与搭配　只有努力，才会成功 zhǐyǒu nǔlì, cái huì chénggōng

只有两年 zhǐyǒu liǎng nián

只有这么一点儿钱 zhǐyǒu zhème yìdiǎnr qián

<仿>阅读 · 选择词语完成句子或对话

A 叔叔　B 像　C 会议　D 熊猫　E 声音　F **只有**

（　　）每天锻炼，坚持早睡早起，身体**才**会健康。　答案【F】

<仿>阅读 · 阅读句子选择正确答案

要想学好汉语，**只有**认真地学习，努力地复习，多说、多听、多写、多读、多看，汉语水平**才**会提高。除了这些，没有别的办法。

★想学好汉语：

A 就得认真和努力　B 还有更好的办法　C 只要多说就可以了　答案【A】

中国人说，不到长城非好汉，对我们外国人来说，**只有**到了长城，**才**可以说真正来过中国。

★到了长城：

A 才能学习汉语　　B 才能学好汉语　　C 才可以说来过中国　答案【C】

【终于】 zhōngyú 副 经过变化或等待之后才出现某种情况。at last

扩展与搭配　终于写完了 zhōngyú xiěwán le　终于明白了 zhōngyú míngbai le

终于考上大学了 zhōngyú kǎoshang dàxué le

＜仿＞听力·听句子判断正误

我很早就想来中国看长城，今年夏天我**终于**做到了，我高兴极了。

★他**终于**看到长城了。(　　)　答案【√】

＜仿＞阅读·根据句子选择上下文

A 我不认识他，你认识他吗？

B 快休息一会儿吧，喝杯咖啡。

C 他昨天感冒了，不知道今天好没好。

D 房间里有点儿热，把空调打开吧。

E 我今天在街上遇到刘老师了。

房间**终于**打扫完了，累死我了。(　　)　答案【B】

＜仿＞阅读·选择词语完成句子或对话

A 篮子　B **终于**　C 离开　D 爱好　E 帮忙　F 灯

A：我(　　)找到工作了。

B：太好了！是和汉语有关系的工作吗？　答案【B】

＜仿＞书写·用所给词语完成句子

终于　会写　我　了　这个汉字　参考答案：我**终于**会写这个汉字了。

【总是】 zǒngshì 副 表示持续不变，一直。always

扩展与搭配　总是玩儿 zǒngshì wánr　总是睡觉 zǒngshì shuìjiào

总是学习 zǒngshì xuéxí　总是下雨 zǒngshì xià yǔ

总是要走的 zǒngshì yào zǒu de　总是会过去的 zǒngshì huì guòqu de

＜仿＞听力·听句子判断正误

猫**总是**白天睡觉，晚上出来活动。这是猫的生活习惯。

★猫白天活动，晚上睡觉。(　　)　答案【×】

<仿>阅读·选择词语完成句子或对话

A 邻居　B 体育　C **总是**　D 安静　E 声音　F 洗澡

很多学生（　）在考试前，才想起来要看书学习。　答案【C】

<仿>书写·用所给词语完成句子

这个城市　春天　下雨　**总是**　参考答案：这个城市春天**总是**下雨。

14 生物

【草】 cǎo 名 一种植物，无枝干。grass

扩展与搭配　小草 xiǎo cǎo　绿草 lǜ cǎo　草地 cǎodì
草原 cǎoyuán　羊吃草 yáng chī cǎo

＜仿＞听力 · 听句子判断正误

我住的地方特别美！我家的旁边有一条小河，河水干干净净。河边是**草**地，每天来这儿锻炼的人很多。

★那个地方环境很好。(　　)　　答案【√】

＜仿＞听力 · 听对话选择正确答案

女：你画的绿**草**呢？

男：被小羊给吃了。

女：那羊呢？

男：吃完**草**回家了。

问：男的画了什么？

A 绿**草**　　B 一群小羊　　C 什么都没有　　答案【C】

＜仿＞阅读 · 阅读句子选择正确答案

春天到了，**草**和树绿了，花开了，鸟从南方飞回来了，人们也不用像冬天那样穿很多衣服了。

★根据这段话，可以知道春天：

A 经常刮风　　B 来得晚　　C 能看到绿色了　　答案【C】

＜仿＞书写 · 用所给词语完成句子

山上　吃　小羊　**草**　在　　参考答案：小羊在山上吃**草**。

【动物】 dòngwù 名 生物的一大类，吃肉或吃草，能运动，有感觉。animal

扩展与搭配 小动物 xiǎo dòngwù　动物世界 dòngwù shìjiè
一种动物 yì zhǒng dòngwù　爬行动物 páxíng dòngwù
动物园 dòngwùyuán

<仿>听力·听对话选择正确答案

男：明天我们带儿子去**动物**园玩儿啊？
女：他感冒还没好，下星期去吧。
问：他们下星期最可能去哪儿？
A 体育馆　B **动物**园　C 图书馆　答案【B】

<仿>书写·用所给词语完成句子

孩子们　和　玩儿　小**动物**　都喜欢　参考答案：孩子们都喜欢和小**动物**玩儿。

【花】 huā 名 开在植物上，有各种颜色，有的有香味。flower

扩展与搭配 一朵花 yì duǒ huā　鲜花 xiānhuā　开花 kāihuā　买花 mǎi huā
种花 zhònghuā　送花 sòng huā　花园 huāyuán

<仿>阅读·选择词语完成句子或对话

A 宾馆　B 一会儿　C **花**　D 爱好　E 位　F 附近
A：春天到了，公园里的（　　）都开了。
B：我觉得春天是一年中最好的季节。　答案【C】

A 最近　B 头发　C 要求　D 爱好　E **花**　F 空调
A：你怎么买了这么多（　　）？
B：今天我女朋友大学毕业，这些**花**是送给她的，她一定会特别高兴。　答案【E】

【马】 mǎ 名 一种动物，四足，吃草。horse

扩展与搭配 一匹马 yì pǐ mǎ　黑马 hēimǎ　骑马 qí mǎ　画马 huà mǎ
喂马 wèi mǎ　马拉车 mǎ lā chē

<仿>听力·听句子判断正误

王东学习画画儿两年多了，他最近在练习画**马**，他觉得**马**挺难画的。
★王东练习画**马**两年多了。（　　）　答案【×】

<仿>阅读·选择词语完成句子或对话

A 最后　B 河　C 需要　D 爱好　E 骑　F 条

A：你这张（　　）**马**的照片是在哪儿照的？

B：去年夏天我去内蒙古了，在那儿照的，很好看吧？　　答案【E】

<仿>书写·用所给词语完成句子

吃草　在　**马**　草地上　　参考答案：**马**在草地上吃草呢。

【鸟】niǎo 名 一种动物，嘴里没有牙，全身有羽毛，一般会飞。bird

扩展与搭配　一只鸟 yì zhī niǎo　　漂亮的小鸟 piàoliang de xiǎo niǎo

<仿>听力·听句子判断正误

照片上的这只**鸟**，这么小，我还是第一次见，你见过这种**鸟**吗？

★他认识那种**鸟**。（　　）　　答案【×】

邻居家有几只**鸟**，每天早上我都能听到它们唱歌。

★他觉得邻居家的**鸟**声音不好听。（　　）　　答案【×】

<仿>阅读·选择词语完成句子或对话

A 根据　B 老　C 变化　D **鸟**　E 声音　F 当然

几只小（　　）从我的眼前飞过，越飞越远，一会儿就看不见了。　　答案【D】

<仿>书写·根据拼音写汉字

niǎo

女儿在纸上画了一只可爱的小（　　）。　　答案【**鸟**】

【树】shù 名 一种植物，有枝干。tree

扩展与搭配　一棵树 yì kē shù　小树 xiǎo shù　大树 dà shù　绿树 lǜ shù

树绿了 shù lǜ le　树叶变黄了 shùyè biàn huáng le

<仿>听力·听句子判断正误

我家附近以前没有小鸟，去年种了很多**树**，今年就来了很多鸟，而且鸟越来越多。

★现在他家附近有很多**树**。（　　）　　答案【√】

<仿>阅读·选择词语完成句子或对话

A 客人　B **树**　C 检查　D 帽子　E 声音　F 起飞

我记得以前这儿有一些老房子，房子前后有几棵（　　），而现在这儿变成了一个很大的公园。　　答案【B】

<仿>阅读·阅读句子选择正确答案

楼下的花园里有很多**树**，到了夏天，老人们喜欢在**树**下聊天儿。

★老人们喜欢在哪儿聊天儿？

A 椅子上　　B **树**下　　C 公园里　　答案【B】

<仿>书写·根据拼音写汉字

shù

两年过去了，街道两边的（　　）长得又绿又高。　　答案【**树**】

【香蕉】 xiāngjiāo 名 一种水果，外皮绿色或黄色，味道很甜，10~20个一串。banana

扩展与搭配　三斤香蕉 sān jīn xiāngjiāo　　新鲜的香蕉 xīnxiān de xiāngjiāo

吃香蕉 chī xiāngjiāo　　买香蕉 mǎi xiāngjiāo

<仿>听力·听句子判断正误

很多人运动以后喜欢吃点儿**香蕉**，这样可以让自己不那么累。

★很多人运动以后吃**香蕉**。（　　）　　答案【√】

<仿>阅读·阅读句子选择正确答案

这些**香蕉**买了好几天了，已经不新鲜了，别吃了，我一会儿去超市再买一点儿吧。

★他觉得家里的**香蕉**：

A 还有很多　　B 不能吃了　　C 好吃　　答案【B】

<仿>书写·根据拼音写汉字

jiāo

请问，香（　　）多少钱一斤？　　答案【蕉】

【熊猫】 xióngmāo 名 也叫猫熊，是中国的一种珍稀动物，黑白颜色，吃竹子。panda

扩展与搭配　一只熊猫 yì zhī xióngmāo

熊猫很胖 xióngmāo hěn pàng

可爱的熊猫 kě'ài de xióngmāo

<仿>听力·听句子判断正误

熊猫刚生下来的时候，特别小，和妈妈一点儿也不一样。

★**熊猫**刚生下来的时候和妈妈很像。（　　）　　答案【×】

<仿>阅读·阅读句子选择正确答案

明天我要带女儿去动物园看大**熊猫**，女儿只在电视里和照片上见过大**熊猫**，还没见过真的呢，我想她明天看到了，一定会很开心。

★根据这段话，我们可以知道：

A 女儿现在在动物园　　B 明天女儿能看到大**熊猫**　C 女儿看过真的大**熊猫**

答案【B】

<仿>书写·根据拼音写汉字

Xióng

(　　) 猫的身体上只有黑色和白色。　　答案【熊】

15 时空

【北方】 běifāng 名 指方向，北或者北部地区。north

扩展与搭配 北方人 běifāngrén　北方地区 běifāng dìqū
北方的城市 běifāng de chéngshì　北方的天气 běifāng de tiānqì
在北方 zài běifāng　向北方 xiàng běifāng

<仿>听力·听句子判断正误

每年春天，很多鸟都会从南方飞到**北方**，等到了冬天，再飞回南方。

★春天鸟会飞到**北方**。(　　)　答案【√】

中国很大，中国人习惯把长江以北的地区叫**北方**。**北方**的冬天很冷，不但下雪，还常常刮风。

★黄河北边叫**北方**。(　　)　答案【×】

<仿>阅读·选择词语完成句子或对话

A 碗　B 害怕　C 容易　D 厨房　E 声音　F **北方**

我生活在南方，还没去过(　　)的城市，也没看过雪，有时间我一定要去看一看。

答案【F】

【地方】 dìfang 名 某一区域，部分。place

扩展与搭配 这个地方 zhège dìfang　很多地方 hěn duō dìfang　好地方 hǎo dìfang
小地方 xiǎo dìfang　不明白的地方 bù míngbai de dìfang
大地方 dà dìfang　没地方 méi dìfang　有的地方 yǒude dìfang

<仿>阅读·选择词语完成句子或对话

A 终于　B 中间　C **地方**　D 环境　E 要求　F 辆

A：上次你们在哪儿见的面？

B：我忘了我们去的那个（　　）叫什么名字了，只记得那儿门前有很多车。

答案【C】

A 先　　B 一直　　C 胖　　D **地方**　　E 声音　　F 云

有不懂的（　　），就要问同学和老师，这样你的汉语水平才会提高得更快。

答案【D】

<仿>阅读·阅读句子选择正确答案

在一个**地方**住的时间长了，人们就想出去走一走、看一看。虽然世界上美的**地方**很多，但是走过以后才发现，家才是世界上最好的**地方**。

★根据这段话，可以知道：

A 人们不想旅游　　B 人们不想回家　　C 最好的**地方**是家　　答案【C】

【东】 dōng 名 四个主要方向之一，太阳升起的一边，和西相对。east

扩展与搭配　东边 dōngbian　　东风 dōngfēng　　东门 dōng mén

向东走 xiàng dōng zǒu　　城东 chéng dōng　　东西方 dōng-xīfāng

<仿>阅读·根据句子选择上下文

A 今天网上东西很便宜，你想买点儿什么？

B 火车马上就要开了，快走吧。

C 我发现你现在越来越瘦了。

D 你决定去哪个国家留学了吗？

E 当然。我们先坐公共汽车，然后换地铁。

F 我也忘了，你到那儿再问问别人吧。

银行在公园的**东**边还是西边？（　　）　　答案【F】

<仿>阅读·选择词语完成句子或对话

A **东**　　B 相同　　C 结束　　D 爱好　　E 几乎　　F 国家

A：你怎么知道这个历史故事？

B：我是学（　　）方历史的，我当然知道了。　　答案【A】

<仿>阅读·阅读句子选择正确答案

我们学校北门外面除了公共汽车站、地铁站，还有很多饭店、超市，所以吃饭、买东西、坐车都很方便。但是**东**门外面只有公共汽车站，住在**东**门附近的同学买东西不太方便。

★根据这段话，可以知道：

A **东**门外面有地铁站　　B 超市在北门外面　　C **东**门和北门都很方便

答案【B】

【附近】 fùjìn ① 名 附近的地方。vicinity ② 形 靠近某地的。nearby

扩展与搭配　学校附近 xuéxiào fùjìn　公司附近 gōngsī fùjìn
车站附近 chēzhàn fùjìn　附近有超市 fùjìn yǒu chāoshì
住在附近 zhù zài fùjìn
附近地区 fùjìn dìqū

<仿>听力·听对话选择正确答案

女：我们新买的房子**附近**有个很大的公园。
男：是吗？那儿环境很好吧？
女：对，公园里树特别多，还有个小湖。
男：你可以经常去湖边散步。
问：关于那个房子，可以知道什么？

A 房子很大　　B **附近**有公园　　C 交通很方便　　答案【B】

女：听说你家搬到南边了，离公司多远啊，上班方便吗？
男：虽然远了，但是周围环境不错，交通很方便，走5分钟就是地铁站了。
问：关于男的的新家，下列哪个正确？

A 离公司不远　　B 交通不方便　　C **附近**有地铁　　答案【C】

<仿>阅读·选择词语完成句子或对话

A 年轻　B 段　C **附近**　D 爱好　E 花园　F 特别

A：虽然我们学校很远，但是（　　）有地铁站、公共汽车站。
B：这么方便啊，有时间我要去你们学校看看。　　答案【C】

A 多么　B 使　C 一般　D **附近**　E 声音　F 爱好

我们公司（　　）有个很大的公园，中午我们常常去那儿散步。　　答案【D】

【刚才】 gāngcái 名 指说话以前不长的时间。just now

扩展与搭配　刚才的话 gāngcái de huà　刚才的事 gāngcái de shì
刚才的表演 gāngcái de biǎoyǎn　就在刚才 jiù zài gāngcái

<仿>听力·听句子判断正误

我的地铁卡怎么不见了？我记得**刚才**放到桌子上了，你拿走了？

★他的地铁卡早上放到桌子上了。（　　）　　答案【×】

奶奶年纪大了，记忆力不好了。**刚才**的事情，过一会儿就忘了，可是50年前的事情，却记得清清楚楚的。

★奶奶把很久以前发生的事情都忘了。（　　）　　答案【×】

<仿>听力·听对话选择正确答案

女：我新买的杂志呢？谁拿走了？

男：**刚才**我还在桌子上看见了呢，你看看报纸下面有没有？

问：关于那本杂志，可以知道什么？

A **刚才**买的　　B **刚才**在桌子上　　C 在报纸下面　　答案【B】

<仿>阅读·根据句子选择上下文

A 你的问题解决了吗？需要我帮忙吗？

B 下了课我们一起去超市吧。

C 这里的水果太便宜了，我要多买一些。

D 保罗去哪儿了？怎么不在教室呢？

E 我们已经认识很多年了，我了解他。

他出去抽烟了，我**刚才**在楼下看见他了。（　　）　　答案【D】

<仿>阅读·选择词语完成句子或对话

A 重要　B 起来　C 练习　D 爱好　E 最后　F **刚才**

A：小王，（　　）你说的那个饭馆远吗？

B：就在公司附近，出了公司大门向右走。　　答案【F】

<仿>阅读·阅读句子选择正确答案

喂，你给我打电话了？什么事？我**刚才**在开会，不能接电话。

★关于说话人，可以知道什么？

A 说话声音很大　　B **刚才**在开会　　C 开会的时候打电话　　答案【B】

辨析

刚　刚才

（1）“刚”和“刚才”意思相近，但词性不同。“刚”是副词，只能用在动词前做状语，如“刚走”；“刚才”是名词，可以做定语、宾语等，如“刚才的事”“从中午一直玩儿到刚才”。

辨析

（2）用“刚”的句子，动词后可以用表示时量的词语，“刚才”不行。如“我刚来一会儿”，不能说“我刚才来一会儿”。

（3）“刚才”后可以用否定词，“刚”不行。如“你刚才不去，现在想去也晚了”，不能说“你刚不去，现在想去也晚了”。

【过去】 guòqù 名 时间词，现在以前的时间。the past
guòqu 动 离开或经过说话人向另一个地点去。leave where the speaker is for another place

扩展与搭配

过去的事 guòqù de shì　　想起过去 xiǎngqǐ guòqù
忘记过去 wàngjì guòqù
过去看看 guòqu kànkan　　过去一个人 guòqu yí gè rén
别过去 bié guòqu　　车刚过去 chē gāng guòqu
跑过去 pǎo guòqu

<仿>阅读·选择词语完成句子或对话

A 干净　B 一共　**C 过去**　D 动物　E 声音　F 当然

（　　）不开心的事情就忘了吧，要向前看，每天才能过得快乐。　答案【C】

A 以为　B 秋　C 一定　**D 过去**　E 声音　F 还是

刚才经理让你写的东西写好了吗？经理让你送（　　）呢。　答案【D】

A 然后　**B 过去**　C 游戏　D 爱好　E 提高　F 解决

A：请问，15 路是在这儿等吗？

B：对，15 路车刚（　　），下一辆 10 分钟后才能来。　答案【B】

<仿>阅读·阅读句子选择正确答案

我小时候最快乐的时间就是夏天的晚饭后，在院子里那棵大树下听妈妈讲**过去**的事情。

★他小的时候：

A 每天都很快乐　A 夏天吃饭很晚　C 妈妈会给他讲**过去**的事情

答案【C】

有些人看书或者看电影，看着看着就会哭。书中的一句话或者电影中的一首歌，会让他们突然想起很多**过去**的事情。

★人们看书或看电影时哭是因为：

A 想起了**过去**　　B 身体不好　　C 心里很高兴　　答案【A】

【后来】 hòulái 名 时间词，在过去某个时间之后的时间。later, then

扩展与搭配 后来他走了 hòulái tā zǒu le
后来有人帮助他了 hòulái yǒu rén bāngzhù tā le
后来下课了 hòulái xiàkè le　　后来我睡着了 hòulái wǒ shuìzháo le

<仿>听力·听句子判断正误

她去年来过一次沈阳，**后来**再也没来过，我也不知道她现在在哪儿。

★她没有来过沈阳。(　　)　　答案【×】

<仿>听力·听对话选择正确答案

女：事情**后来**怎么样了？有人帮助那个孩子吗？

男：很多人知道了那个孩子的事情，有人给他买衣服，有人给他买书。**后来**那个孩子又能回学校上课了。

问：那个孩子**后来**怎么样了？

A 给别人买书　　B 回学校上课了　　C 帮助别人　　答案【B】

<仿>阅读·选择词语完成句子或对话

A 一共　B 先　C **后来**　D 爱好　E 经过　F 节目

A：你和麦克是什么时候认识的？

B：去年他来中国留学时，我们在一个班，(　　)他去上海了。　　答案【C】

【环境】 huánjìng 名 周围的地方，周围的情况和条件。environment

扩展与搭配 工作环境 gōngzuò huánjìng　　自然环境 zìrán huánjìng
学习环境 xuéxí huánjìng　　环境卫生 huánjìng wèishēng
生活环境 shēnghuó huánjìng　　周围环境 zhōuwéi huánjìng

<仿>听力·听对话选择正确答案

男：周末去哪儿玩儿了？

女：周日和朋友一起去游泳了。

男：去哪家游泳馆了？

女：学校附近新开了家游泳馆，**环境**很好，下次你也可以去那儿游。

问：关于那家游泳馆，可以知道什么？

A **环境**不错　　B 在地铁站附近　　C 人不多　　答案【A】

<仿>阅读·选择词语完成句子或对话

A 其他　B **环境**　C 健康　D 空调　E 声音　F 文化

有花，有草，有树，这周围的（　　）不错啊。　答案【B】

A 厨房　B 司机　C 办法　D 站　E 声音　F **环境**

公司旁边新开了一家饭店，听说（　　）不错，明天我们去那儿吃饭啊。

答案【F】

<仿>阅读·阅读句子选择正确答案

房子虽然很远，但是附近就有地铁站。房子周围汽车不多，旁边还有一条小河，河边有很多的树，周围又干净又安静，我觉得很满意。

★说话人是什么意思？

A 离地铁站有点儿远　B 房子周围**环境**很好　C 房子有点儿贵　答案【B】

【结束】 jiéshù 动 发展或进行到最后，不再继续。end

扩展与搭配　结束学习 jiéshù xuéxí　考试结束 kǎoshì jiéshù

比赛结束 bǐsài jiéshù　结束工作 jiéshù gōngzuò

课程结束 kèchéng jiéshù　结束得快 jiéshù de kuài

反义词　开始 kāishǐ

<仿>听力·听句子判断正误

时间过得真快啊，下个星期课程就**结束**了，期末考试后，寒假就开始了。

★课程已经**结束**了。（　　）　答案【×】

<仿>听力·听对话选择正确答案

女：别看了，快点儿刷牙洗脸，然后睡觉吧，明天还要上班呢！

男：好的，比赛还有十分钟就**结束**了。

问：男的还要看多长时间？

A 不看了　B 还要看十分钟　C 还要看三十分钟　答案【B】

<仿>阅读·根据句子选择上下文

A 请问去中国银行怎么走？

B 你可以帮我们的忙吗？

C 晚上要开车，还是别喝酒了。

D 秋天到了，树叶都黄了。

E 今天可能下雨，带着伞吧。

F 别看了，快睡觉吧，明天你还要上课呢。

比赛还有 8 分钟就要**结束**了，看完我就睡。(　　)　答案【F】

<仿>阅读·选择词语完成句子或对话

A 还是　B **结束**　C 上网　D 检查　E 声音　F 周末

考试(　　)后，我打算和家人一起去南方旅游。　答案【B】

<仿>阅读·阅读句子选择正确答案

会议还有一天就要**结束**了，我准备开完会后，去北京故宫看看，上次去还是十年前呢。

★会议**结束**后他有什么打算？

A 看朋友　B 去北京故宫　C 去学习　答案【B】

【马上】mǎshàng 副 表示动作或状态快要发生；立刻。at once

扩展与搭配　马上走 mǎshàng zǒu　马上来 mǎshàng lái
马上到 mǎshàng dào　马上吃 mǎshàng chī

<仿>听力·听句子判断正误

春节**马上**就要到了，家家户户都把房子打扫得干干净净。街道上也热闹起来了，人们都在买过春节的东西呢。

★离春节还有很长时间。(　　)　答案【×】

<仿>听力·听对话选择正确答案

男：小张，经理让你去他办公室。

女：好的，我打完电话，**马上**就去。

问：女的是什么意思？

A **马上**去　B 给经理打电话　C 给办公室打电话　答案【A】

<仿>阅读·根据句子选择上下文

A 春天到了，公园里的花都开了，草也绿了。

B 我今天跟老师请假了。

C 早点儿休息吧，明天你不是 7 点就走吗？

D 小时候，他和爷爷、奶奶在一起生活。

E 现在水果很便宜，多吃点儿。

我洗完澡了，**马上**就睡，您先睡吧。(　　)　答案【C】

<仿>阅读·选择词语完成句子或对话

A 如果　B 发烧　C **马上**　D 容易　E 声音　F 换

你怎么这么晚才来啊？电影（　　）就要开始了。　答案【C】

A **马上**　B 结婚　C 一样　D 爱好　E 练习　F 辆

A：（　　）要考试了，你复习了吗？

B：复习了，但是还有一些题不太明白。　答案【A】

A 被　B 解决　C 老　D 爱好　E **马上**　F 必须

A：火车四点半就要开了，你开快一点儿。

B：别担心，我们（　　）就到了。　答案【E】

<仿>阅读·阅读句子选择正确答案

大家都知道，多吃水果对身体好，但是饭后**马上**吃水果对身体不太好，饭后两小时或者饭前一小时吃水果比较好。

★水果应该：

A 饭后**马上**吃　B 饭前一小时吃　C 饭后一小时吃　答案【B】

【南】 nán 名 四个主要方向之一，早晨面对太阳时右手的一边（和“北”相对）。south

扩展与搭配　南方 nánfāng　南门 nán mén　南边 nánbian
南风 nán fēng　城南 chéng nán　向南 xiàng nán

<仿>听力·听句子判断正误

中国北方比较冷，所以北方的房子习惯上窗户都是朝**南**的，这样冬天屋子里也会有很多阳光。

★北方大部分房子的窗户在**南**面。（　　）　答案【√】

<仿>阅读·选择词语完成句子或对话

A 包　B 打扫　C 注意　D 散步　E 声音　F **南**

现在很多北方人，到了冬天就去（　　）方过冬。　答案【F】

<仿>阅读·阅读句子选择正确答案

现在我住的房子，只有**南**面有窗户，北面没有，所以一到夏天，房间里就很热，只能每天开空调。以后再买房子，我一定要买**南**北都有窗户的。

★他住的房子：

A 北面有窗户　　　B **南**面有窗户　　　C **南**北都有窗户　　　答案【B】

妈妈告诉你，这群黑色的鸟就是小燕子，它们秋天会飞到温暖的**南**方去，到了春天再飞回北方来了。

★小燕子：

A 春天飞到**南**方　　　B 秋天飞到**南**方　　　C 秋天飞到北方　　　答案【B】

【然后】 ránhòu 连 一件事情之后接着又发生一件事情。then

扩展与搭配　先……然后…… xiān…ránhòu…　　然后再说 ránhòu zài shuō

然后去 ránhòu qù　　然后回来 ránhòu húilai

< 仿 > 阅读 · 选择词语完成句子或对话

A 被　　B **然后**　　C 必须　　D 碗　　E 声音　　F 一般

明天上午你先去上课，(　　) 再去张老师办公室。　　　答案【B】

< 仿 > 阅读 · 阅读句子选择正确答案

我突然想起来，我的电脑还没关，我得回去一下。你们先去图书馆吧，**然后**我去图书馆找你们。

★他接下来要做什么？

A 回去拿书　　　B 去图书馆　　　C 回去关电脑　　　答案【C】

【西】 xī 名 方位词，四个主要方向之一，太阳落下去的一边（跟“东”相对）。west

扩展与搭配　西门 xī mén　　西方 xīfāng　　西街 xī jiē

河西 hé xī　　路西 lù xī　　桥西 qiáo xī

城西 chéng xī　　向西 xiàng xī

< 仿 > 阅读 · 根据句子选择上下文

A 明天有足球比赛，你去看吗？

B 我想去超市，你去不去？

C 厨房这么干净，是你打扫的吗？

D 这家银行人太多了，我们换一家吧。

E 当然。我们先坐公共汽车，然后换地铁。

F 你打开手机地图看一看。

博物馆在大学的东边还是**西**边？（　　）　　　答案【F】

<仿>阅读·选择词语完成句子或对话

A 应该　B **西**　C 老　D 爱好　E 厨房　F 突然

A：你们公司附近有银行吗？

B：从这儿向（　　）走 500 米，有一家中国银行。　答案【B】

【先】 xiān 副 表示时间或次序在前。first

扩展与搭配　先走 xiān zǒu　先吃 xiān chī　先学 xiān xué　先说 xiān shuō

先想 xiān xiǎng　先……然后…… xiān…ránhòu…

先吃饭然后做作业 xiān chīfàn ránhòu zuò zuòyè

<仿>阅读·根据句子选择上下文

A 他离开这个城市已经五年了。

B 我不饿。我**先**发个邮件，然后再吃。

C 你再检查一下，看看有没有做错的题。

D 别担心，我会照顾好他的。

E 当然。我们**先**坐公共汽车，然后换地铁。

F 这台电脑你花了多少钱？

你先吃点儿水果，饭一会儿就好了。（　　）　答案【B】

<仿>阅读·选择词语完成句子或对话

A 迟到　B **先**　C 聊天儿　D 突然　E 声音　F 带

工作结束了你就（　　）走吧，我还要再工作一会儿。　答案【B】

A 经过　B 接　C 果汁　D 爱好　E 完成　F **先**

A：今天就（　　）讲到这儿，大家回去后要记得读课文，复习生词。

B：谢谢老师，明天见！　答案【F】

<仿>书写·用所给词语完成句子

房间　**先**　看看　吧　我们　　参考答案：我们**先**看看房间吧。

【一会儿】 yíhuìr 数量 很短的时间或在很短的时间内。a little while

扩展与搭配　过一会儿 guò yíhuìr　等一会儿 děng yíhuìr

看一会儿电视 kàn yíhuìr diànshì　一会儿就走 yíhuìr jiù zǒu

一会儿再吃 yíhuìr zài chī　一会儿就好 yíhuìr jiù hǎo

<仿>听力·听对话选择正确答案

女：小明，今天的作业做完了吗？

男：妈妈，今天作业不多，我想看**一会儿**电视，然后再做。

问：男的是什么意思？

A 没有作业　　B 看完电视以后做作业　　C 作业做完了　　答案【B】

<仿>阅读·根据句子选择上下文

A 我还没见过你男朋友呢。

B 我还没决定去不去，我再想想。

C 你快去快回，**一会儿**电视里有好看的电影。

D 好，你先回去吧。

E 当然。我们先坐公共汽车，然后换地铁。

F 我今天有点儿发烧，想请假休息一天。

我去商店买点儿水果，**一会儿**就回来。（　　）　　答案【C】

<仿>阅读·选择词语完成句子或对话

A 祝　B **一会儿**　C 表演　D 爱好　E 米　F 邻居

A：房间打扫得这么干净，还买了这么多菜，家里有什么事吗？

B：（　　）朋友们来，我请他们在家里吃饭。　　答案【B】

A 最后　B 个子　C 马　D 爱好　E 铅笔　F **一会儿**

A：今天天气这么好，我们去爬山吧。

B：爬（　　）就累了，还是去公园散步吧。　　答案【F】

A 过　B 方便　C 行李箱　D 爱好　E **一会儿**　F 只有

A：你刚出差回来，也累了，我该走了。

B：没事儿，再坐（　　）吧，喝杯茶再走。　　答案【E】

【以前】 yǐqián 名 比现在或所说的时间更早的时间。before, ago

扩展与搭配　以前的朋友 yǐqián de péngyou　很久以前 hěn jiǔ yǐqián

来中国以前 lái Zhōngguó yǐqián　以前来过 yǐqián láiguo

和以前一样 hé yǐqián yíyàng

<仿>听力·听句子判断正误

我们晚上六点**以前**能回学校吗？我和朋友约好一起去看京剧表演，表演七点开始。

★他需要晚上七点前回到学校。（　　）　　答案【√】

这附近**以前**没有地铁站，去火车站得坐差不多一个小时公共汽车，非常不方便。现在好了，坐地铁二十分钟就到了。

★**以前**能坐地铁去火车站。（　　）　　答案【×】

<仿>阅读·选择词语完成句子或对话

A **以前**　B 蓝　C 老　D 护照　E 声音　F 楼

跟（　　）比，我现在瘦了好多。　　答案【A】

A 云　B 旅行　C 上网　D 爱好　E **以前**　F 结束

A：你去过上海吗？

B：我（　　）去过一次，但是只在那儿住了一天。　　答案【E】

<仿>阅读·阅读句子选择正确答案

春节是中国最重要的节日，这一天人们都要回到家里，和家人一起过春节。但是，现在越来越多的人选择春节时和家人一起出去旅游。

★根据这段话，可以知道春节：

A 现在和**以前**不一样　B 人们都出去旅游　C **以前**也出去旅游　　答案【A】

【一直】 yìzhí 副（a）朝着一个方向不变。straight

（b）一个动作或一种状态不停。continuously, all along, always, all the way

扩展与搭配　一直走 yìzhí zǒu　一直很好 yìzhí hěn hǎo

一直向前 yìzhí xiàng qián　一直没去 yìzhí méi qù

雨一直下 yǔ yìzhí xià

<仿>听力·听句子判断正误

我以前**一直**不知道新家附近还有一个公园，听邻居说了以后，我打算这个周末去那儿玩儿。

★我从邻居那里知道了家附近有公园。（　　）　　答案【√】

<仿>阅读·选择词语完成句子或对话

A 一样　B **一直**　C 久　D 爱好　E 差　F 结束

A：我最近（　　）都很忙，没有时间运动。

B：等你不忙的时候，我们去游泳吧。　　答案【B】

<仿>阅读·阅读句子选择正确答案

这些书是我去年考试前买的，只看了一点儿，考完试以后，就**一直**放在书架上，再也没看过。

★这些书：

A 是语法书　　B 很多都没看　　C 是今天买的　　答案【B】

<仿>书写·根据拼音写汉字

zhí

一（　　）向前走，就能看到博物馆了。　　答案【直】

【中间】 zhōngjiān 名 里面，中心。middle, centre

扩展与搭配　学生中间 xuéshēng zhōngjiān　河中间 hé zhōngjiān
路中间 lù zhōngjiān　屋子中间 wūzi zhōngjiān
往中间看 wǎng zhōngjiān kàn　站在中间 zhàn zài zhōngjiān

<仿>听力·听对话选择正确答案

女：你今天穿哪条裤子？

男：右边这条黑的吧，这条穿着舒服。

女：这条有点儿肥吧？

男：那穿**中间**这条蓝的吧，这条不肥。

问：男的决定穿哪条裤子？

A 左边的　　B 右边的　　C **中间**的　　答案【C】

男：照片上这位长头发姐姐是谁呀？真漂亮！

女：你说的是**中间**的那位吗？她不是姐姐，是我妈妈 20 年前照的。

问：照片上的女孩是谁？

A 姐姐　　B 妈妈　　C 妈妈的姐姐　　答案【B】

<仿>阅读·选择词语完成句子或对话

A 哭　B **中间**　C 检查　D 数学　E 声音　F 愿意

经理站（　　）就可以了，小王站经理旁边，小张再往右边一点儿。　　答案【B】

A 照顾　B 举行　C 信用卡　D 爱好　E **中间**　F 帽子

A：坐火车、飞机的时候，我不喜欢坐在（　　），不舒服。

B：我也是，每次买票的时候，我都要选窗边的。　　答案【E】

【周末】 zhōumò 名 一星期的最后的时间。weekend

扩展与搭配 上周末 shàng zhōumò　本周末 běn zhōumò　这个周末 zhège zhōumò
周末晚会 zhōumò wǎnhuì　快乐的周末 kuàilè de zhōumò
过周末 guò zhōumò　周末愉快 zhōumò yúkuài

<仿>听力·听对话选择正确答案

男：你怎么买饮料买了这么久？

女：今天是**周末**，来看电影的人特别多。

男：买可乐了吗？

女：买了，我们进去吧。

问：女的为什么买饮料买了很长时间？

A 饮料卖没了　　B **周末**人多　　C 不知道买什么饮料　　答案【B】

<仿>阅读·选择词语完成句子或对话

A 放　B 可爱　C 了解　D 爱好　E 空调　F **周末**

A：工作终于做完了，可以睡觉了。

B：明天是（　　），你一定要好好儿休息休息。　　答案【F】

<仿>阅读·阅读句子选择正确答案

我们**周末**要去大连旅游，听说大连现在比沈阳凉快，不知道能不能游泳。

★他们：

A 很凉快　　B **周末**去旅游　　C 不会游泳　　答案【B】

以前**周末**如果没什么事情，我常常和朋友一起去运动，游泳啊，打球啊。现在因为太忙了，很久没和朋友一起出去了。

★关于他，可以知道什么？

A 现在常打球　　B 以前**周末**常去游泳　　C 以前很忙　　答案【B】

【最后】 zuìhòu 名 在时间上或次序上在所有别的之后。final, last

扩展与搭配 最后两个 zuìhòu liǎng gè　最后一次 zuìhòu yí cì
最后一天 zuìhòu yì tiān　最后一句 zuìhòu yí jù
最后一杯 zuìhòu yì bēi　站在最后 zhàn zài zuìhòu
先……然后……最后…… xiān…ránhòu…zuìhòu…

<仿>阅读·选择词语完成句子或对话

A 最近　B 决定　C **最后**　D 爱好　E 头发　F 街道

A：我个子有点儿高，我站在（　　）吧。

B：你还是站在中间好一点儿，中间高，两边矮会比较好看。　答案【C】

<仿>书写·用所给词语完成句子

那　她　**最后**一次　是我　见到　　参考答案：那是我**最后**一次见到她。

【最近】 zuìjìn 名 说话前后不久的日子。recently

扩展与搭配　最近几天 zuìjìn jǐ tiān　最近的事情 zuìjìn de shìqing

最近的天气 zuìjìn de tiānqì　发生在最近 fāshēng zài zuìjìn

就在最近 jiù zài zuìjìn

<仿>听力·听句子判断正误

小李**最近**和过去不太一样，经常迟到，上课也不太认真。你是他的好朋友，下课的时候你问问他，看看是怎么回事。

★小李**最近**不认真。（　　）　答案【√】

<仿>阅读·选择词语完成句子或对话

A 离开　B **最近**　C 句子　D 种　E 声音　F 打算

（　　）天气很奇怪，不冷但是风特别大，明天不知道会不会下雪。　答案【B】

A 最后　B 一直　C 种　D 爱好　E **最近**　F 银行

A：（　　）怎么没看见张阿姨？

B：她和朋友去旅游了，现在她可能在上海呢。　答案【E】

16 事理

【变化】biànhuà ①[动]事物或事情和原来不同。change
②[名]事物或事情产生的新情况。change

扩展与搭配 季节变化 jìjié biànhuà　　引起变化 yǐnqǐ biànhuà
发生变化 fāshēng biànhuà　　没有变化 méiyǒu biànhuà
很大变化 hěn dà biànhuà　　有变化 yǒu biànhuà
新的变化 xīn de biànhuà　　巨大的变化 jùdà de biànhuà
重要的变化 zhòngyào de biànhuà

<仿>听力·听对话选择正确答案

女：你脸色不好，怎么了，是不是感冒了？
男：可能是，最近几天温度**变化**特别大，昨天热，今天突然就冷了。
问：最近怎么了？

A 天气**变化**大　　B 天气很热　　C 天气很冷　　答案【A】

<仿>阅读·根据句子选择上下文

A 我每天都在楼下的公园里散步。
B 我去办公室找老师了，但是他不在。
C 我们已经有三年没见了吧。
D 你坐在这儿休息一下，我一会儿就回来。
E 现在骑自行车特别方便。

你什么**变化**也没有，还和以前一样漂亮。（　　）　　答案【C】

<仿>阅读·阅读句子选择正确答案

才几年的时间，这个城市就和以前大不一样了。老房子越来越少了，楼高了，街道更干净了。出租车、公共汽车、地铁都有了，去哪儿都特别方便。

★这个城市：

A 坐公共汽车不方便　　B **变化**很大　　C 历史很久　　答案【B】

<仿>书写·根据拼音写汉字

biàn

这个城市的（　　）化真大啊！　　答案【变】

【发现】 fāxiàn 动 找到，发觉。find, discover

扩展与搭配 才发现 cái fāxiàn　刚发现 gāng fāxiàn　已经发现 yǐjīng fāxiàn　突然发现 tūrán fāxiàn　发现问题 fāxiàn wèntí　发现得早 fāxiàn de zǎo

<仿>听力·听句子判断正误

昨天下午，妹妹都快到机场了，才**发现**护照没带，我赶忙坐出租车给她送到机场，还好飞机还没起飞。

★妹妹去机场时忘带护照了。（　　）　　答案【√】

<仿>听力·听对话选择正确答案

男：我做决定以前常常要想很久，决定以后才**发现**已经没有机会了。

女：那你以后想的时间要少一些，想好了马上就去做，因为机会不会总有。

问：根据这段话，可以知道什么？

A 机会很多　B 机会可以去**发现**　C 决定了就去做　　答案【C】

<仿>阅读·选择词语完成句子或对话

A 教　B 礼物　C 奶奶　D 灯　E 声音　F **发现**

我（　　）你最近瘦了好多，是生病了吗？还是工作太累了？　　答案【F】

<仿>阅读·根据句子选择上下文

A 他在减肥，每天不吃早饭就去上班。

B 我已经做完练习了，咱们出去玩儿吧。

C 办公室里有很多人。

D 她喜欢中国文化，特别是书法。

E 我先和她在公司门口见面，然后再和你去银行。

我**发现**他最近瘦了很多，病了吗？（　　）　　答案【A】

【决定】 juédìng ①动 对怎么做拿出主张。decide ②名 决定的事项。decision

扩展与搭配 还没决定 hái méi juédìng　已经决定了 yǐjīng juédìng le　自己决定 zìjǐ juédìng　就这样决定了 jiù zhèyàng juédìng le　这个决定 zhège juédìng　学校的决定 xuéxiào de juédìng

<仿>听力 · 听对话选择正确答案

男：孩子，这就是你的**决定**吗？真的想好了吗？

女：爸爸，小方工作努力，很爱我，我已经想好了，要跟他结婚。

问：女儿**决定**什么了？

A 努力工作　　B 再想一想　　C 和小方结婚　　答案【C】

<仿>阅读 · 选择词语完成句子或对话

A 结束　B **决定**　C 欢迎　D 爱好　E 眼镜　F 司机

A：我（　　）从明天开始，每天去图书馆看书。

B：好啊，我和你一起去。　　答案【B】

A 感兴趣　B **决定**　C 环境　D 表示　E 声音　F 爱好

我已经（　　）过几天去法国旅行了，明天我就去跟经理请假。　　答案【B】

<仿>阅读 · 阅读句子选择正确答案

我们应该在自己很难选择和**决定**的时候，再请朋友帮忙，因为什么事情都请别人帮忙就不会自己解决问题了。

★根据这段话，我们应该：

A 什么事都自己解决　　B **决定**以前请别人帮忙　　C 有时要自己想办法　　答案【C】

<仿>书写 · 用所给词语完成句子

她　**决定**　去上海　工作　毕业后　　参考答案：她**决定**毕业后去上海工作。

<仿>书写 · 根据拼音写汉字

jué

我们都不同意你的（　　）定。　　答案【决】

【需要】 xūyào ① 动 应该有或必须有。need, require ② 名 对事物的要求。need, want

扩展与搭配　不需要 bù xūyào　　非常需要 fēicháng xūyào

需要车 xūyào chē　　需要休息 xūyào xiūxi

孩子的需要 háizi de xūyào

<仿>听力 · 听句子判断正误

我们这次去广州只住两天，不用带太多的衣服，你再检查一下行李箱，把不**需要**的拿出来。

★这次去广州**需要**多带衣服。（　　）　　答案【×】

<仿>阅读 · 根据句子选择上下文

A 东西很少，带一个行李箱就行。

B 今天来的人我几乎都不认识。

C **需要**我陪你去医院吗？

D 别着急，还有时间呢。

E 我最近很忙，一直没时间给你打电话。

我身体很不舒服，有点儿发烧，上午我不去上班了。（　　）　　答案【C】

<仿>阅读 · 选择词语完成句子或对话

A 然后　B **需要**　C 马上　D 爱好　E 方便　F 更

A：现在还不知道周日多少人去机场呢。

B：我们（　　）到办公室问一下，然后决定租几辆车。　　答案【B】

【选择】 xuǎnzé 动 挑选。choose

扩展与搭配　选择学校 xuǎnzé xuéxiào

选择住处 xuǎnzé zhùchù

选择工作 xuǎnzé gōngzuò

<仿>听力 · 听句子判断正误

现在大学里除了有学生们必须上的课以外，还有一些可以根据学生自己的兴趣**选择**上的课。

★大学里一些课是学生们可以自己**选择**上的。（　　）　　答案【√】

<仿>阅读 · 根据句子选择上下文

A 现在几点了？是不是已经下班了？

B 我下班后去超市买牛奶。

C 困难再多也必须坚持下去。

D 我出去一下，一会儿就回来。

E 当然。我们先坐公共汽车，然后换地铁。

F 妈妈，你看见我的书了吗？

离开家到北京工作是我自己的**选择**。（　　）　　答案【C】

<仿>阅读 · 选择词语完成句子或对话

A 上网　B 感冒　C **选择**　D 影响　E 声音　F 以前

您可以（　　）学校附近的宾馆，这样离学校更近，也更方便。　　答案【C】

【要求】yāoqiú ①动 提出具体愿望或条件，希望得到满足或实现。ask, demand, require
②名 提出的具体愿望或条件。demand, requirement

扩展与搭配 多次要求 duō cì yāoqiú　　要求学生 yāoqiú xuéshēng
不要求 bù yāoqiú　　什么要求 shénme yāoqiú
学生的要求 xuéshēng de yāoqiú　　两个要求 liǎng gè yāoqiú
学校的要求 xuéxiào de yāoqiú　　要求高 yāoqiú gāo

<仿>听力·听句子判断正误

你昨天应该和老师请假吧？生病或者有事情不能来上课，必须告诉老师，这是学校对大家的**要求**。

★这个学生没按学校的请假**要求**去做。（　　）　　答案【√】

HSK考试**要求**大家带护照和铅笔，铅笔必须是2B的，还要提前半个小时进教室准备考试。

★ HSK考试**要求**大家提前半个小时进教室。（　　）　　答案【√】

<仿>阅读·选择词语完成句子或对话

A 复习　B 渴　C 节目　D 爱好　E **要求**　F 拿

A：今天我得早点儿睡，明天我们去爬山，（　　）大家早上六点半到学校。
B：快去睡吧，明天早上我叫你起床。　　答案【E】

<仿>阅读·阅读句子选择正确答案

考试的时候，大家要看清楚每一个题的考试**要求**，然后根据**要求**去做，这样不容易做错。有的同学不看**要求**，考完试才明白做得不对。

★这段话告诉我们，考试的时候应该：

A 做容易的题　B 明白考试**要求**　C 别迟到　　答案【B】

【一样】yíyàng 形 同样，没有差别。same

扩展与搭配 一样的成绩 yíyàng de chéngjì
不一样的书 bù yíyàng de shū
一样好 yíyàng hǎo　　一样冷 yíyàng lěng
一样大 yíyàng dà　　一样难看 yíyàng nánkàn
年龄一样 niánlíng yíyàng
水平不一样 shuǐpíng bù yíyàng
一样年轻 yíyàng niánqīng

<仿>听力·听句子判断正误

他和弟弟是同一天出生的，年龄**一样**，身高**一样**，长得也**一样**，但是他爱运动，弟弟爱唱歌。

★他和弟弟爱好相同。（　　）　　答案【×】

<仿>阅读·根据句子选择上下文

A 我去超市买了很多东西，一共花了 200 多块。

B 这是我在网上买的词典，便宜了 30 元。

C 你也没有变化，还是那么漂亮。

D 你不能总喝饮料，对身体不好。

E 别着急，等病好了再去上课。

这么多年不见，你还跟以前**一样**年轻。（　　）　　答案【C】

<仿>阅读·选择词语完成句子或对话

A 向　B 然后　C 花　D 筷子　E 声音　F **一样**

虽然这两件事情有不（　　）的地方，但是解决的办法是相同的。　　答案【F】

<仿>阅读·阅读句子选择正确答案

妈妈跟爸爸**一样**，身体都很健康。他们常常到公园跑步，有时候还和朋友一起去爬山。运动使他们快乐。

★关于爸爸、妈妈，可以知道什么？

A 身体都健康　B 都很胖　C 每天都很忙　　答案【A】

【一般】 yìbān 形（a）普通，通常。usual, ordinary, common（b）一样，同样。same

扩展与搭配　一般情况下 yìbān qíngkuàng xià　不一般 bú yìbān

写得一般 xiě de yìbān　一般不去 yìbān bú qù

电视剧很一般 diànshìjù hěn yìbān　一般好 yìbān hǎo

一般高 yìbān gāo　一般大 yìbān dà

<仿>听力·听句子判断正误

你知道吗？大学生读书节星期六就要开始了。我看介绍说，读书节上会有很多不错的书，我想去看看。

★他觉得读书节上的书很**一般**。（　　）　　答案【×】

<仿>听力·听对话选择正确答案

男：女孩子都爱买漂亮的衣服，喜欢唱歌、跳舞。

女：我女儿和**一般**的女孩子不一样，她喜欢运动，我就没见她穿过几次裙子。

问：女的的女儿怎么样？

A 喜欢学习　　B 很漂亮　　C **一般**不穿裙子　　答案【C】

男：周末了，我们去看电影吧，《小明向前冲》怎么样？

女：听说那个电影很**一般**，我们换一个电影吧。我上网查查哪个好看。

问：女的觉得那个电影怎么样？

A 很好看　　B 很**一般**　　C 网上能看到　　答案【B】

<仿>阅读 · 根据句子选择上下文

A 你的声音太小了，我听不清楚。

B 这个菜有点儿甜，换一个吧。

C 我**一般**不吃早饭。

D 多穿一点儿吧，今天外面冷。

E 当然。我们先坐公共汽车，然后换地铁。

F 那个学校很有名，我想去那儿学习。

你来得这么早啊？吃饭了吗？（　　）　　答案【C】

【影响】 yǐngxiǎng ①动 对别人的思想或行动起作用。influence, affect
②名 对人或事物所起的作用。influence, effect

扩展与搭配　影响学习 yǐngxiǎng xuéxí　　影响工作 yǐngxiǎng gōngzuò
影响别人 yǐngxiǎng biérén　　受影响 shòu yǐngxiǎng
好的影响 hǎo de yǐngxiǎng　　影响不好 yǐngxiǎng bù hǎo
在……的影响下 zài…de yǐngxiǎng xià

<仿>听力 · 听句子判断正误

在父母的**影响**下，他从小就对世界历史感兴趣，考大学时，他选择了历史专业。

★他的父母不喜欢历史。（　　）　　答案【×】

<仿>听力 · 听对话选择正确答案

男：我和我的同屋生活习惯不一样。我学习的时候，他听音乐。我睡觉的时候，他吃东西。

女：这样对你们两个人都有**影响**，要不你换个房间吧。

问：男的和他的同屋怎么样？

A 习惯不同　　　　B 不**影响**　　　　C 关系很好　　　　答案【A】

<仿>阅读·阅读句子选择正确答案

我们把行李箱放到那边去吧，别放在路中间，这样就不会**影响**大家走路了。

★他们要把行李箱：

A 放到旁边　　　　B 放到中间　　　　C 还给大家　　　　答案【A】

<仿>书写·根据拼音写汉字

yǐng

父母的习惯对孩子（　　）响很大。　　　　答案【影】

【有名】 yǒu//míng 形 大家都知道他（它）的名字，出名。famous

扩展与搭配　有名的学校 yǒumíng de xuéxiào

很有名 hěn yǒumíng

特别有名 tèbié yǒumíng

最有名 zuì yǒumíng

有名的电影 yǒumíng de diànyǐng

有名的汽车 yǒumíng de qìchē

<仿>听力·听句子判断正误

麦克不仅汉语说得好，还喜欢唱歌、跳舞，他的汉语歌唱得可好听了，我们大学的学生都知道他，都喜欢他。

★在学校，麦克很**有名**。（　　）　　　　答案【√】

<仿>阅读·根据句子选择上下文

A 是吗？有时间我一定去那儿玩儿。

B 天黑了，你还不回去吗？

C 一会儿我要坐地铁，一起走吧。

D 我们只是普通朋友关系，我们才认识不长时间。

E 当然。我们先坐公共汽车，然后换地铁。

F 这就是你昨天买的衣服？真漂亮！

我的家乡很**有名**，每年来旅游的人特别多。（　　）　　　　答案【A】

<仿>阅读·阅读句子选择正确答案

沈阳故宫在全国很**有名**，每年去那儿参观的人越来越多。故宫的旁边就是沈阳另一个**有名**的地方——中街。参观完故宫，你还可以去那条百年老街逛一逛。

★根据这段话，可以知道什么？

A 中街人不多　　B 沈阳故宫和中街都很**有名**　　C 故宫离中街很远

答案【B】

【重要】 zhòngyào 形 具有重大的意义、作用和影响的。important

扩展与搭配　很重要 hěn zhòngyào　不重要 bú zhòngyào　更重要 gèng zhòngyào

重要的事情 zhòngyào de shìqing　重要的人 zhòngyào de rén

重要活动 zhòngyào huódòng　认为……重要 rènwéi…zhòngyào

近义词　主要 zhǔyào

<仿>阅读·根据句子选择上下文

A 我坐出租车去，一会儿就到了。

B 我想下个月去旅游，你和我一起去吧。

C 胖点儿没关系，健康才是最**重要**的。

D 我的礼物呢？快给我看看。

E 这家宾馆环境不太好，我们换一家吧。

我最近又胖了，我必须少吃点儿了。（　　）　　答案【C】

<仿>阅读·选择词语完成句子或对话

A 行李箱　B **重要**　C 需要　D 根据　E 声音　F 玩儿

老师刚才说的话很（　　），你记住了吗？　　答案【B】

<仿>阅读·阅读句子选择正确答案

人们都希望身体健康，但是很多人在生活中却有很多不好的习惯：晚上吃很多东西，上网时间太长，不运动，喝酒、吸烟，晚上睡得很晚，等等。坏习惯会影响身体健康。习惯很**重要**，有好的习惯才有好的身体。

★这段话主要想告诉我们：

A 习惯很**重要**　　B 要努力工作　　C 习惯和健康没关系　　答案【A】

【主要】 zhǔyào 形 有关事物中最重要的，起决定作用的。main

扩展与搭配　主要的人 zhǔyào de rén　主要任务 zhǔyào rènwu

主要的城市 zhǔyào de chéngshì　主要原因 zhǔyào yuányīn

主要问题 zhǔyào wèntí　主要部分 zhǔyào bùfen

<仿>听力·听句子判断正误

我们在生活中经常会遇到一些问题，如果这些问题是自己解决不了的，我们就需要别人的帮助。但不能总让别人帮忙，**主要**还要靠自己。

★解决问题的时候，**主要**靠别人的帮助。(　　)　　答案【×】

<仿>阅读·选择词语完成句子或对话

A **主要**　B 问题　C 比较　D 爱好　E 最后　F 满意

A：你的普通话怎么说得这么好？

B：因为我是大学教师，(　　)教留学生汉语和中国文化。　　答案【A】

<仿>书写·根据拼音写汉字

zhǔ

她(　　)要教语法，也教一点儿写作。　　答案【主】

【注意】 zhùyì 动 在某一方面多用时间和精力。pay attention to

扩展与搭配

不注意 bú zhùyì　　多注意 duō zhùyì

没注意 méi zhùyì　　注意身体 zhùyì shēntǐ

注意安全 zhùyì ānquán　　注意车辆 zhùyì chēliàng

注意书写 zhùyì shūxiě　　注意听讲 zhùyì tīngjiǎng

<仿>听力·听句子判断正误

现在的年轻人，经常是一边走路一边玩儿手机。你走路的时候，别玩儿手机啊。路上车多，一定要**注意**安全。

★走路的时候，一定要**注意**安全。(　　)　　答案【√】

<仿>阅读·根据句子选择上下文

A 房间里的空调可能没关，我得回去看看。

B 天气这么冷，得多穿点儿衣服啊。

C 你自己要**注意**身体，累了就休息休息。

D 你多吃点儿吧，现在太瘦了。

E 我以为你还没回来呢。

妈，这段时间我比较忙，下个月再回家吧。(　　)　　答案【C】

<仿>阅读·选择词语完成句子或对话

A 疼　B 银行　C 帮忙　D 爱好　E 双　F **注意**

A：你的脸怎么这么白？不舒服吗？你得(　　)休息啊。

B：最近太忙了，晚上睡得太晚了。　　答案【F】

17 数量

【半】bàn 数（a）二分之一，一半。half （b）在……中间。in the middle of

扩展与搭配 半个小时 bàn gè xiǎoshí　三点半 sān diǎn bàn
一年半 yì nián bàn　半碗饭 bàn wǎn fàn
半杯水 bàn bēi shuǐ　一个半苹果 yí gè bàn píngguǒ
半路上 bàn lù shang

反义词 整 zhěng

<仿>听力 · 听句子判断正误

你去把弟弟叫回来，他作业做到**一半**就跑出去跟小朋友玩儿了，这都玩儿了快一个小时了。

★弟弟没做完作业就出去玩儿了。（　　）　答案【√】

<仿>阅读 · 选择词语完成句子或对话

A 总是　B **半**　C 感兴趣　D 老　E 声音　F 请假

现在是九点（　　），还有一个小时火车才开呢。　答案【B】

A 中间　B 东　C 只有　D 爱好　E 张　F **半**

A：比赛六点（　　）开始，你们别晚了。　答案【F】

A 或者　B 段　C **半**　D 爱好　E 骑　F 当然

A：你怎么这么晚才到？

B：我在（　　）路遇到个朋友，我们聊了一会儿。　答案【C】

<仿>阅读 · 阅读句子选择正确答案

坐公共汽车去？我们去的地方坐公共汽车不方便，得换好几次车。我们还是打车吧，打车**半**个小时就到了。

★他们一开始打算：

A 坐地铁去　　B 打车去　　C 坐公共汽车去　　答案【C】

【层】 céng 量 用于重叠的东西。storey, tier

扩展与搭配　三层楼 sān céng lóu　两层窗户 liǎng céng chuānghu
楼层太高了 lóucéng tài gāo le

<仿>听力 · 听句子判断正误

对不起，先生，这个电梯坏了，您要去十一**层**的话得走上去。

★那位先生要去八**层**。(　　)　　答案【×】

<仿>听力 · 听对话选择正确答案

女：这儿的楼都这么高吗？太高了我有点儿不敢住啊。

男：那我们看看那边的楼。

女：我想看看楼**层**低一点儿的。

男：南边几个楼有低**层**的，我们去看看吧。

问：女的不想要什么样的房子？

A 花园旁边的　　B 离街道近的　　C 楼**层**高的　　答案【C】

<仿>书写 · 根据拼音写汉字

céng
我记得我们的教室在六（　　）。　　答案【**层**】

【段】 duàn 量 一定长度（可以指时间），用于长条东西分成的很多部分或事物的一部分。section

扩展与搭配　那段时间 nà duàn shíjiān　一段路 yí duàn lù　这段话 zhè duàn huà

<仿>听力 · 听句子判断正误

书里的这**段**话太难了，我看了好几遍也没看懂。你不忙的时候看看，然后给我讲讲是什么意思，好吗？

★书里的这**段**话很难，他看了好几遍才明白。(　　)　　答案【×】

<仿>阅读 · 根据句子选择上下文

A 你是不是放在办公室的桌子上了？

B 天气这么热，得喝点儿凉的饮料。

C 那你也得锻炼锻炼啊，可以每天散散步。

D 这儿的图书馆环境很不错，我很喜欢。

E 他不是已经出国了吗？

我这**段**时间特别忙，都没有时间游泳了。（　　） 答案【C】

<仿>书写 · 根据拼音写汉字

duàn

这（　　）路车太多了，不好走。 答案【**段**】

【分】 fēn ① 量 1角的1/10或一小时的1/60。*a measure word for money or time*（*=1/10 jiao or 1/60 hour*）② 名 成绩或比赛的分数。score

扩展与搭配 3角5分 3 jiǎo 5 fēn　1小时有60分 1 xiǎoshí yǒu 60 fēn
90分 90 fēn　总分 zǒng fēn　得分 défēn

<仿>阅读 · 根据句子选择上下文

A 她对我很热情，不明白的地方，她都会给我讲。

B 我觉得我的汉语水平提高了很多！谢谢你的帮助。

C 他上午不在，你下午再来吧。

D 我的眼睛这段时间不太好，书上的字有点儿看不清楚了。

E 当然。我们先坐公共汽车，然后换地铁。

F 房间里有点儿热，你去开一下空调。

你的听力95**分**，比我还多了1**分**。（　　） 答案【B】

<仿>阅读 · 阅读句子选择正确答案

9.99元和10元，虽然只差1**分**钱，但是人们好像更喜欢买9.99元的东西。所以超市里的东西，很多写着9.99元、19.99元、29.99元……而很少写10元、20元、30元。

★根据这段话，可以知道超市里的东西：

A 写10元的少　B 20元的很多　C 很便宜 答案【A】

【公斤】 gōngjīn 量 1公斤=1千克。kilogramme

扩展与搭配 1公斤苹果 1 gōngjīn píngguǒ　瘦了5公斤 shòule 5 gōngjīn
重3公斤 zhòng 3 gōngjīn

<仿>阅读 · 根据句子选择上下文

A 别担心，我一定不会迟到。

B 明天我和朋友去旅游，不能来上课了。

C 那你可得注意点儿，健康最重要了。

D 我要去朋友家做客，你帮我想一想带什么礼物好呢？

E 今天天气不错，别在家里看电视了，我们出去走走。

我最近身体不太好，瘦了 4 **公斤**。(　　)　　答案【C】

<仿>书写 · 用所给词语完成句子

比　去年　他　8 **公斤**　胖了　　参考答案：他比去年胖了 8 **公斤**。

【角】 jiǎo 量 人民币的单位之一，1 角 =0.1 元。*a measure word for money in China (=1/10 yuan)*

扩展与搭配　5 角 5 jiǎo　　6 元 8 角 6 yuán 8 jiǎo　　14 元 9 角 14 yuán 9 jiǎo

近义词　毛 máo

<仿>听力 · 听对话选择正确答案

男：你想吃这种水果吗？

女：叫什么名字？好吃吗？贵不贵？

男：这是南方的水果——莲雾，好吃不贵，4 块 2 一斤。

女：那我们买三斤吧。

问：莲雾多少钱一斤？

A 2 元 4 **角**　　B 4 **角** 2 分　　C 4 元 2 **角**　　答案【C】

<仿>阅读 · 选择词语完成句子或对话

A 刚才　B 除了　C **角**　D 爱好　E 必须　F 上网

A：还要别的吗？现在一共是 256 元 8 (　　)。

B：不要别的了，可以用微信支付吗？　　答案【C】

<仿>阅读 · 阅读句子选择正确答案

你看，这上面写着 13.56 元，前面的 13 表示元，中间的 5 表示**角**，最后的 6 表示分。懂了吗？

★ 中间的数字 5 表示：

A 元　　B **角**　　C 分　　答案【B】

【刻】 kè 量 用于时间的单位，十五分钟是一刻。quarter (=15 minutes)

扩展与搭配　一刻钟 yí kè zhōng　　五点一刻 wǔ diǎn yí kè

差一刻九点 chà yí kè jiǔ diǎn

<仿>阅读 · 选择词语完成句子或对话

A 完成　B **刻**　C 层　D 爱好　E 洗澡　F 甜

A：老师，还有多长时间上课？

B：现在是八点一（　　），马上就要上课了。 答案【B】

A 耳朵　B 容易　C **刻**　D 爱好　E 着急　F 办法

A：现在几点了？还有公共汽车吗？

B：我看一下，现在差一（　　）九点，应该还有最后一辆。 答案【C】

<仿>阅读·阅读句子选择正确答案

我们八点上课，但是今天路上车特别多，车走得特别慢，到学校的时候，已经八点一**刻**了。

★根据这段话，可以知道：

A 车开得很快　B 他起来晚了　C 他今天迟到了 答案【C】

【口】 kǒu ① 名 人或动物吃东西、喝水的地方，有的也可以发声，也叫嘴；出入通过的地方。mouth ② 量 用于人或物等。*a measure word for family members, etc.*

扩展与搭配

开口 kāi kǒu	张口 zhāng kǒu	口渴 kǒu kě
瓶口儿 píngkǒur	入口 rùkǒu	门口 ménkǒu
五口人 wǔ kǒu rén	两口猪 liǎng kǒu zhū	

<仿>听力·听句子判断正误

明天是你们来中国的第一个周末，老师带你们去中山公园玩儿一玩儿。大家可以坐2号线地铁在中山公园站下车，我们8:30在公园门**口**集合。

★明天8:30老师和同学们在公园门**口**集合。（　　） 答案【√】

<仿>阅读·根据句子选择上下文

A 没想到问题这么快就都解决了。

B 下课后我们去踢足球啊？

C 冰箱里的牛奶还能喝吗？

D 他接了一个电话，然后就出去了。

E 听说你要结婚了，这么快啊。

小王要去哪儿啊？我刚才在楼门**口**看见他跑出去了。（　　） 答案【D】

<仿>阅读·选择词语完成句子或对话

A 经过　B **口**　C 故事　D 爱好　E 地图　F 眼睛

A：你是不是有点儿饿了？

B：不饿，就是有点儿（　　）渴，有喝的吗？ 答案【B】

<仿>书写·根据拼音写汉字

kǒu

他有两个姐姐，他们家一共五（　　）人。　答案：【口】

【辆】 liàng 量 用于车。*a measure word for vehicles (bikes, cars, etc.)*

扩展与搭配　两辆车 liǎng liàng chē　那辆自行车 nà liàng zìxíngchē

一辆出租车 yí liàng chūzūchē

<仿>阅读·选择词语完成句子或对话

A 忘记　B **辆**　C 简单　D 爱好　E 发烧　F 其他

A：那（　　）红色的车很漂亮，是你的吗？

B：那不是我的，我的车没有那么漂亮。　答案【B】

<仿>阅读·阅读句子选择正确答案

已经过去 30 多分钟了，我要坐的那**辆** 157 路公共汽车还没来。要是再等下去的话，可能就会迟到，所以我决定坐地铁去学校。

★他今天早上：

A 坐公共汽车去学校　B 迟到了 30 分钟　C 坐地铁去了学校　答案【C】

<仿>书写·根据拼音写汉字

liàng

我家到公司有点儿远，要是有（　　）车就方便了。　答案【**辆**】

【米】 mǐ ① 量 长度的单位，1 米 =100 厘米。metre

② 名 稻米。rice

扩展与搭配　一米五 yì mǐ wǔ　100 米 100 mǐ

大米 dàmǐ　米饭 mǐfàn　一斤米 yì jīn mǐ　一袋米 yí dài mǐ

做米饭 zuò mǐfàn

<仿>听力·听句子判断正误

我家附近有一个学校，哥哥每天早上都去学校的操场跑半个小时，今天早上他回来说自己跑了 5000 **米**，怪不得衣服都湿透了。

★哥哥今天跑了 5000 **米**。（　　）　答案【√】

<仿>阅读·选择词语完成句子或对话

A 参加　B **米**　C 好　D 爱好　E 教室　F 当然

A：请问，这儿附近有超市吗？

B：从这儿向南走 500（　　）左右，就有一家。　　答案【B】

<仿>书写·根据拼音写汉字

mǐ

吃饱了吗？再来一碗（　　）饭吧？　　答案【米】

【双】shuāng 量 用于成对的东西。pair

扩展与搭配　这双鞋 zhè shuāng xié　　一双手 yì shuāng shǒu

一双筷子 yì shuāng kuàizi　　一双大眼睛 yì shuāng dà yǎnjing

<仿>听力·听句子判断正误

昨天这**双**鞋在网上还 800 多块呢，今天就便宜了差不多 300 块。我穿着正好，不大不小，我得买一双。

★那**双**鞋便宜了。（　　）　　答案【√】

不要总是想着什么事情都要别人给你准备好，你也有两只眼睛、两只耳朵、一个鼻子、一张嘴，重要的是我们都有一**双**手。

★应该自己的事情自己做。（　　）　　答案【√】

<仿>阅读·根据句子选择上下文

A 你觉得这个菜好吃吗？辣不辣？

B 你也买这种颜色的吗？

C 我不想去医院，我觉得身体已经好了。

D 你帮我把书和本子放到教室的桌子上吧。

E 当然。我们先坐公共汽车，然后换地铁。

F 你们班谁的汉语最好？

这**双**鞋穿着很舒服，也很漂亮，我也买一**双**吧。（　　）　　答案【B】

<仿>阅读·选择词语完成句子或对话

A 街道　B **双**　C 起飞　D 爱好　E 关　F 关系

A：服务员，请再给我拿（　　）筷子。

B：好的，请等一下，马上就来。　　答案【B】

<仿>书写·用所给词语完成句子

鞋　这**双**　多少　钱　黑　　参考答案：这**双**黑鞋多少钱？

【条】tiáo 量 用于细长的东西。*a measure word for something long and thin*

扩展与搭配 那条河 nà tiáo hé　一条裤子 yì tiáo kùzi　这条街 zhè tiáo jiē
两条鱼 liǎng tiáo yú　四条腿 sì tiáo tuǐ　一条新闻 yì tiáo xīnwén

<仿>听力 · 听句子判断正误

现在的孩子个子长得真快。一月份买的裤子，可能六月份就不能穿了。所以，一年当中，裤子就得买好几**条**。

★那**条**裤子太长了。(　　)　答案【×】

博物馆在另外一**条**街上，您从这儿往前走，到第二个红绿灯路口右转，再走大概200米，就可以到博物馆的北门了。

★博物馆不在这**条**街上。(　　)　答案【√】

<仿>阅读 · 选择词语完成句子或对话

A 万　B 刮风　C **条**　D 爱好　E 或者　F 国家

男：奶奶，我来看您了，咦，爷爷不在家，在花园里吗？

女：没有，三楼的张爷爷要去买几(　　)金鱼，你爷爷陪他去花鸟鱼市场了。

答案【C】

A 用　B 带　C **条**　D 爱好　E 认真　F 相信

A：你买房子了？那儿环境怎么样？

B：挺好的，附近有个很大的公园，里面还有一(　　)河。　答案【C】

A **条**　B 腿　C 清楚　D 爱好　E 难　F 记得

A：电视里的这(　　)新闻你看到了吗？

B：我已经在网上看到了。　答案【A】

【万】wàn 数 十个千，10,000。ten thousand

扩展与搭配 十万元 shíwàn yuán　几万年 jǐ wàn nián　上万人 shàng wàn rén

<仿>阅读 · 根据句子选择上下文

A 我坐飞机去，下午就能到。

B 今天下班前要完成这个工作。

C 就算只有**万**分之一的可能，我们也要试一试。

D 外面的风很大，你多穿点儿吧。

E 你到学校记得给我打电话。

我们不可能完成的。（　　）　　答案【C】

<仿>阅读·选择词语完成句子或对话

A 自己　B 刷牙　C 花　D 着急　E 声音　F **万**

我这次旅游，一共花了三（　　）多块钱，去了五个国家。　　答案【F】

<仿>阅读·阅读句子选择正确答案

我们学校很大，教学楼很多，学生一共有两**万**多人。学校的中间有一个漂亮的图书馆，图书馆一共有六层，每天都有很多同学在那儿看书学习。

★根据这段话，可以知道学校：

A 学生很多　B 很远　C 北面有图书馆　　答案【A】

<仿>书写·用所给词语完成句子

体育馆　**一万**　能坐　那个　人　　参考答案：那个体育馆能坐**一万**人。

【位】 wèi 量 用于人（表示尊敬）。*a measure word for people (respectfully)*

扩展与搭配　一位老人 yí wèi lǎorén　两位客人 liǎng wèi kèrén
这位同学 zhè wèi tóngxué　那位先生 nà wèi xiānsheng
三位小姐 sān wèi xiǎojiě

<仿>阅读·根据句子选择上下文

A 这就是大熊猫？我还从来没见过呢。

B 你把那件事情告诉他了吗？

C 比赛一个小时以后才开始呢，我们先做会儿作业。

D 我就是，你有什么事情吗？

E 当然。我们先坐公共汽车，然后换地铁。

F 我还以为你已经回家了呢。

请问，哪**位**是王丽老师？（　　）　　答案【D】

A 刚才那**位**先生你认识？

B 你妹妹今年多大了？

C 我感冒了，有点儿发烧。

D 她第一次开车有点儿害怕。

E 学校旁边有个茶楼，我们去那儿坐坐？

他是我的新邻居，我和他认识才两个星期。（　　）　　答案【A】

<仿>阅读 · 阅读句子选择正确答案

公司旁边新开了一家自助餐厅，58元一**位**，有各种饮料，吃的东西也很多，去过的人都说不错。我过生日的时候，请大家去那儿吃饭。

★那个自助餐厅：

A 人很多　　B 是去年开的　　C 一个人58块钱　　答案【C】

<仿>书写 · 用所给词语完成句子

健康　老人　特别　那**位**　身体　　参考答案：那**位**老人身体特别健康。

【一共】 yígòng 副 合在一起（计算）。altogether

扩展与搭配　一共五人 yígòng wǔ rén　一共两天 yígòng liǎng tiān

一共十元 yígòng shí yuán　一共有三层 yígòng yǒu sān céng

一共三件 yígòng sān jiàn　一共吃了四碗 yígòng chīle sì wǎn

<仿>听力 · 听句子判断正误

那个饭馆的菜又便宜又好吃，上周玛丽过生日，我们8个人点了10个菜，2瓶饮料，**一共**才花了298块钱。

★上周在那个饭馆吃饭，花的钱不多。（　　）　　答案【√】

<仿>阅读 · 选择词语完成句子或对话

A 向　B 洗手间　C **一共**　D 冰箱　E 声音　F 灯

我们班（　　）有21位同学，是从7个不同的国家来的。　　答案【C】

A 信用卡　B **一共**　C 河　D 爱好　E 聊天儿　F 最后

A：这次比赛我班（　　）有6人参加。

B：是吗？我班只有1人参加。　　答案【B】

<仿>阅读 · 阅读句子选择正确答案

我每天上班都要坐学校的班车。班车很大，**一共**54个座位，但是每天坐班车上班的老师最多的时候也就20人。后来学校决定，给我们换了一个小一点儿的车。

★根据这段话，可以知道：

A 班车**一共**20个座位　B 坐车的老师太多了　C 之前的车很大　　答案【C】

<仿>书写 · 用所给词语完成句子

一共　参加　十个学校　这次比赛　有

参考答案：这次比赛**一共**有十个学校参加。

【元】 yuán 量 钱的单位。1元=10角。*a measure word for money (=10 jiao)*

扩展与搭配 10元 10 yuán　1元3角 1 yuán 3 jiǎo　3000元 3000 yuán
近义词 （用于钱）块 kuài

<仿>听力·听句子判断正误

这是今年最新的手机，虽然九千多**元**，但您用的时候特别方便，能满足您生活和办公的需要。您觉得可以，我就给您介绍一下。

★那个手机卖一万**元**。（　　）　　答案【×】

<仿>阅读·选择词语完成句子或对话

A 结束　B 张　C **元**　D 爱好　E 干净　F 才

A：这部电脑这么贵？差一（　　）就八千块了。

B：是挺贵的，但是很好用，很受年轻人喜欢。　　答案【C】

<仿>阅读·阅读句子选择正确答案

中国的水果很便宜，特别是夏天，一个大西瓜才20多**元**，在韩国得100多呢。

★中国的水果：

A 很好吃　B 不贵　C 20多**元**　　答案【B】

【张】 zhāng ① 量 用于床、桌子、纸、画等。*a measure word for paper, pictures, skin, etc.*
② 名 姓。a family name

扩展与搭配 两张床 liǎng zhāng chuáng　一张桌子 yì zhāng zhuōzi
一张纸 yì zhāng zhǐ　一张照片 yì zhāng zhàopiàn
两张地图 liǎng zhāng dìtú　那张车票 nà zhāng chēpiào
张先生 Zhāng xiānsheng　张老师 Zhāng lǎoshī

<仿>听力·听句子判断正误

暑假我在奶奶家的墙上看到了很多老照片，其中有一**张**是一个可爱的小男孩，奶奶告诉我，那是我爸爸。

★暑假我在奶奶家看到了一**张**爸爸小时候的照片。（　　）　　答案【√】

<仿>阅读·选择词语完成句子或对话

A 环境　B 然后　C 几乎　D **张**　E 声音　F 把

他个子不高，所以觉得这（　　）桌子有点儿高，坐着很不舒服。　　答案【D】

A 多么　B 银行　C 一直　D 爱好　E **张**　F 需要

A：我每天要做很多事情，所以我早上会把要做的事情写在一（　　）纸上，晚上看看还有哪个没完成。

B：别太累了。　　答案【E】

<仿>书写·根据拼音写汉字

Zhāng
（　　）爷爷是我的老邻居，我每天早上都会在公园遇到他。　　答案【张】

【只】zhī 量 成对的东西中的一个或用于动物、船只等。*a measure word for one of a pair*

扩展与搭配　一只手 yì zhī shǒu　两只耳朵 liǎng zhī ěrduo
三只小鸡 sān zhī xiǎo jī　两只小船 liǎng zhī xiǎo chuán

<仿>阅读·阅读句子选择正确答案

邻居家有一**只**小花猫，每次经过他家门口的时候，我差不多都能看到小花猫在窗户下睡觉。

★那**只**猫经常在哪儿睡觉？

A 树下　B 窗户下　C 桌子上　　答案【B】

<仿>书写·用所给词语完成句子

可爱　大熊猫　那**只**　了　太　　参考答案：那**只**大熊猫太可爱了。

【种】zhǒng 量 种类，用于人或事物。kind, type

扩展与搭配　两种人 liǎng zhǒng rén　很多种 hěn duō zhǒng
多种方法 duō zhǒng fāngfǎ　这种天气 zhè zhǒng tiānqì
各种花草 gèzhǒng huācǎo

<仿>听力·听句子判断正误

我现在特别喜欢听那**种**老歌，每次一听，就好像又回到了过去。

★他喜欢听老歌。（　　）　　答案【√】

<仿>阅读·阅读句子选择正确答案

最近的天气很奇怪，今天冷，明天热的。这**种**天气最容易感冒了，特别是老人和孩子。所以家里有老人和孩子的一定要注意。

★根据这段话，可以知道：

A 最近天气不好　B 孩子感冒了　C 老人不容易感冒　　答案【A】

<仿>书写·用所给词语完成句子

爱干净的　猫是　一**种**　动物　　参考答案：猫是一**种**爱干净的动物。

18 性状

【矮】 ǎi 形 短，离地面近。short, low

扩展与搭配	个子矮 gèzi ǎi	房子矮 fángzi ǎi	楼层矮 lóucéng ǎi
	很矮 hěn ǎi	又矮又胖 yòu ǎi yòu pàng	长得矮 zhǎng de ǎi
近义词	低 dī		
反义词	高 gāo		

<仿>听力 · 听句子判断正误

爸爸、妈妈年纪大了，腿脚不太好了，我给他们换了一个房子。新房子虽然有电梯，但是我们还是选了一楼，爸爸、妈妈进出方便。

★我给爸爸、妈妈选了矮楼层的房子。（　　）　　答案【√】

<仿>阅读 · 根据句子选择上下文

A 我看完这个比赛就去睡。

B 是的，小学时我个子很矮。你挺好的吧？

C 明天有考试，今天我得早点儿睡。

D 今天路上车可能多，我们早点儿去机场吧。

E 当然。我们先坐公共汽车，然后换地铁。

F 今天有雨，记得带伞啊。

张东，几年不见，你长高很多啊。（　　）　　答案【B】

<仿>阅读 · 阅读句子选择正确答案

这个城市的变化真大啊！过去那些低矮的旧房子越来越少了，人们看到的是干净的街道和漂亮的花园。城市环境越来越好了。

★这个城市以前：

A 很大　　B 特别干净　　C 有很多老房子　　答案【C】

【安静】 ānjìng 形（a）没有声音。quiet （b）安稳平静。peaceful

扩展与搭配 非常安静 fēicháng ānjìng
安静的教室 ānjìng de jiàoshì
安静的孩子 ānjìng de háizi
安静的环境 ānjìng de huánjìng
喜欢安静 xǐhuan ānjìng
安静下来 ānjìng xiàlai
安静的生活 ānjìng de shēnghuó
安静地坐着 ānjìng de zuòzhe
睡得很安静 shuì de hěn ānjìng

<仿>听力 · 听句子判断正误

教室里很**安静**，同学们有的在写汉字，有的在复习生词，还有的在做练习。

★宿舍很**安静**。(　　) 答案【×】

周日出差回来，已经下午了，妻子和爸爸、妈妈在客厅里聊天儿，孩子在房间**安静**地睡着。

★孩子睡得很**安静**。(　　) 答案【√】

<仿>听力 · 听对话选择正确答案

男：今天家里怎么这么**安静**啊，儿子不在家吗？
女：嘘，小点儿声说话，儿子刚刚睡着。
问：儿子怎么了？

A 不会说话了　　B 不在家　　C 睡着了　　答案【C】

<仿>阅读 · 根据句子选择上下文

A 图书馆马上就要关门了。
B 我同屋和我们习惯不同，她更愿意去教室学习。
C 请把菜单给我。
D 我和同事打算周末去看红叶，听说可漂亮了。
E 昨天的雨下得非常大，我没带伞。

图书馆里比较**安静**，我们都喜欢去那儿看书。(　　) 答案【B】

<仿>阅读 · 选择词语完成句子或对话

A 果汁　B **安静**　C 习惯　D 表演　E 声音　F 班

早上 5 点，公园里很（　　），锻炼身体的人不多，能听见鸟在唱歌。 答案【B】

<仿>阅读 · 阅读句子选择正确答案

我父亲退休一个月了。刚开始不工作他还不习惯，常常生气，后来发现每天都能有一段时间**安静**地看书、看报，他才高兴起来。

★说话人的父亲：

A 很忙　　B 爱生气　　C 退休了　　答案【C】

【长】 cháng 形 两头之间不短（跟“短”相对）。long

扩展与搭配　长长的头发 chángcháng de tóufa　衣服很长 yīfu hěn cháng
裤子太长了 kùzi tài cháng le

<仿>听力·听句子判断正误

我的头发有点儿**长**了，可我太忙了，都没有时间去理发店。

★他的头发**长**了。（　　）　　答案【√】

<仿>阅读·阅读句子选择正确答案

麦克这次来中国学习的时间很**长**，能更好地了解中国文化，最重要的是，他还看到了北方的雪，这让他非常开心。

★根据这段话，可以知道麦克：

A 在中国时间很**长**　　B 看到了北方的春天　　C 想再来　　答案【A】

<仿>书写·用所给词语完成句子

太　了　这条裤子　**长**　　参考答案：这条裤子太**长**了。

【短】 duǎn 形 两头之间不长（跟“长”相对）。short (in length)

扩展与搭配　短刀 duǎn dāo　短了 duǎn le　短的 duǎn de
时间短 shíjiān duǎn　短信 duǎnxìn　短头发 duǎn tóufa

反义词　长 cháng

<仿>听力·听句子判断正误

我女儿大大的眼睛，长长的头发，跟我长得很像。你看这张照片，能找到哪个是我女儿吗？

★她的女儿是**短**发。（　　）　　答案【×】

<仿>听力·听对话选择正确答案

男：HSK 考试时需要带 2B 铅笔，你有没有？借我用一下。

女：在桌子上，你自己拿吧，那支**短**一点儿的，绿颜色的就是。

问：2B 铅笔是什么样的？

A 在包里　　B **短**一点儿　　C 蓝颜色　　答案【B】

<仿>阅读·根据句子选择上下文

A 我已经没有机会出国留学了。

B 我要去开会，得先走了，你一会儿再走吧。

C 我这条裤子有点儿**短**了，不能穿了。

D 不用客气，欢迎你经常来我家玩儿。

E 不远，一直走，再向左走就到了。

今年你又长高了，一会儿在网上再买一条吧。(　　)　　答案【C】

<仿>阅读·阅读句子选择正确答案

手机让我们的生活变得越来越方便，但是现在人们用手机打电话、发**短**信的越来越少了，人们用微信打电话、聊天儿、买东西。

★现在人们经常用手机：

A 发微信　　B 发**短**信　　C 看电影　　答案【A】

虽然在中国学习的时间很**短**，但是我提高了汉语水平，了解了中国文化，同时也认识了来自世界各国的朋友们。最重要的是，我看到了北方的雪，我非常开心，咱们暑假再见!

★根据这段话，可以知道他：

A 在中国时间不长　　B 看到了南方的雪　　C 汉语水平没有变化　　答案【A】

【干净】 gānjìng 形（a）没有尘土等。clean（b）比喻一点儿也不剩。completely, totally

扩展与搭配

干净的衣服 gānjìng de yīfu　　干净的杯子 gānjìng de bēizi

很干净 hěn gānjìng　　爱干净 ài gānjìng

衣服洗得干净 yīfu xǐ de gānjìng　　非常干净 fēicháng gānjìng

吃干净 chī gānjìng　　喝干净 hē gānjìng

<仿>阅读·选择词语完成句子或对话

A 空调　　B 必须　　C 关系　　D 爱好　　E 信　　F **干净**

A: 你家真(　　)! 你每天都打扫吧?

B: 是妈妈每天都打扫，她退休了，说这样可以锻炼身体。　　答案【F】

<仿>阅读·阅读句子选择正确答案

这个房子虽然不大，但很**干净**。附近有地铁站、公共汽车站，出去也方便。我妻子要是满意的话，我们就买了。

★他觉得房子怎么样?

A 挺好的　　B 有些远　　C 环境不好　　答案【A】

<仿>书写 · 用所给词语完成句子

打扫得　我们　把　房间　**干干净净**　　参考答案：我们把房间打扫得**干干净净**。

<仿>书写 · 根据拼音写汉字

jìng
杯子里的酒没喝干（　　）。　　答案【净】

【久】 jiǔ 形 时间长。for a long time

扩展与搭配　多久 duō jiǔ　很久以前 hěn jiǔ yǐqián　好久 hǎojiǔ
那么久 nàme jiǔ　天长日久 tiāncháng-rìjiǔ　历史久远 lìshǐ jiǔyuǎn

近义词　长 cháng

<仿>听力 · 听对话选择正确答案

男：学校附近新开了家饭馆，一到中午就有很多人。
女：应该是饭菜很好吃吧，不知道环境怎么样。
男：过两天我们中午也去那儿吃饭吧。
女：好，那就明天去吧。
问：关于那家饭馆，可以知道什么？

A 晚上很多人　　B 新开不**久**　　C 在银行旁边　　答案【B】

<仿>阅读 · 根据句子选择上下文

A 我去了差不多两年了，同事们都很好，工作很开心。
B 这张照片上站在中间的那个人是谁？
C 我先说一说考试的要求，请大家注意听。
D 我发现我真是老了，上三层楼就累了。
E 当然。我们先坐公共汽车，然后换地铁。
F 我没见过那个年轻人啊。

你去那家公司多**久**了？你觉得在那儿工作怎么样？（　　）　　答案【A】

<仿>阅读 · 阅读句子选择正确答案

要想了解一个人，短时间是不行的，得经过比较长的时间，得经过一些事情，才能看出这个人怎么样，"日**久**见人心"就是这个意思。

★了解一个人，需要：

A 和他在一起工作　　B 比较长的时间　　C 经常一起吃饭　　答案【B】

【旧】 jiù 形 过去的，使用过的（跟“新”相对）。old (as opposed to “new”)

扩展与搭配 旧书 jiù shū　旧衣服 jiù yīfu　旧房子 jiù fángzi　旧电视 jiù diànshì　很旧 hěn jiù　太旧了 tài jiù le

近义词 老 lǎo

反义词 新 xīn

<仿>听力·听句子判断正误

爸爸，咱家这台电脑买了十年了吧？我们需要一台新的电脑，什么时候能换啊？

★这台电脑太**旧**了。（　　）　答案【√】

<仿>听力·听对话选择正确答案

男：我的手机太**旧**了，照相有点儿照不清楚了，想换一个新的。

女：现在新手机不太贵，明天就去换一个吧。

问：男的想做什么？

A 用手机照相　B 换新手机　C 换电脑　答案【B】

<仿>阅读·根据句子选择上下文

A 她是我们班最努力的学生，每次考试都是班级第一。

B 爬了一上午的山，累了吧？

C 刚想休息一下，这又得开始忙了。

D 他经常来找我聊天儿，可我没有时间啊。

E 当然。我们先坐公共汽车，然后换地铁。

F 好，我洗完头发就过去。

旧的问题刚解决，新的问题就来了。（　　）　答案【C】

【蓝】 lán 形 像晴天天空的颜色。blue

扩展与搭配 蓝色 lánsè　蓝天 lántiān　蓝笔 lán bǐ　蓝眼睛 lán yǎnjing

<仿>听力·听句子判断正误

昨天小丽在网上买了一条**蓝**裙子，我在网上买了一条白裤子。我们穿上一看，漂亮极了。

★昨天小丽买了条白裙子。（　　）　答案【×】

<仿>听力·听对话选择正确答案

男：你看过《阿凡达》那部电影吗？

女：看过啊，阿凡达的身体是**蓝**色的。

问：关于阿凡达，可以知道什么？

A 身体是**蓝**色的　　B 眼睛是**蓝**色的　　C 头发是**蓝**色的　　答案【A】

<仿>阅读 · 根据句子选择上下文

A 过去那么长时间了，你不说我都忘了。

B 不能总想着让别人来帮你，得学会自己照顾自己。

C 我还是第一次看见这种小动物。

D 今年他的身体不太好，已经住了好几次院了。

E 这两条裤子哪条更好看？

白色的吧，你的上衣是**蓝**色的，穿这条白的更好看。（　　）　　答案【E】

<仿>阅读 · 选择词语完成句子或对话

A 马上　B 以为　C **蓝**　D 爱好　E 一样　F 一起

A：你打算给花画什么颜色呢？

B：（　　）色，你觉得怎么样？　　答案【C】

A 需要　B **蓝**　C 健康　D 关于　E 声音　F 年级

（　　）天上有白云，公园里有很多绿树和红花。　　答案【B】

【老】 lǎo 形（a）年岁大。old, aged （b）很久以前就存在，时间久。old, former （c）放在指人或动物、植物的名词前，构成名词。*a prefix*

扩展与搭配　老人 lǎorén　变老 biàn lǎo　老歌 lǎo gē　老朋友 lǎo péngyou　老同学 lǎo tóngxué　老同事 lǎo tóngshì　老虎 lǎohǔ　老师 lǎoshī

近义词　旧 jiù

反义词　少 shào / 小 xiǎo / 年轻 niánqīng

<仿>听力 · 听句子判断正误

我 60 岁退休，那时就不用工作了，可是这个年纪还不**老**，我打算退休后和妻子去别的国家看一看。

★现在他要和妻子去别的国家旅游。（　　）　　答案【×】

奶奶现在**老**了，可是你看这张照片，是她年轻时候照的，那时她大学刚毕业，多漂亮啊！

★奶奶年轻时很漂亮。(　　)　　答案【√】

<仿>听力·听对话选择正确答案

女：爷爷，照片上这位**老**爷爷是谁呀？

男：他呀，是爷爷的**老**同学，也是爷爷的**老**朋友。

问：照片上的人是爷爷的什么人？

A 老师　　B **老**同事　　C **老**朋友　　答案【C】

<仿>阅读·选择词语完成句子或对话

A **老**　　B 客人　　C 地铁　　D 爱好　　E 需要　　F 体育

A：你喜欢听这种音乐？

B：对，我特别喜欢听(　　)歌。　　答案【A】

<仿>阅读·阅读句子选择正确答案

生活中总是会有开心的和不开心的事情，忘记不开心的事情，让自己笑着生活。这样才能使自己年轻，不容易变**老**，身体也会更健康。

★根据这段话，可以知道：

A 快乐让人年轻　　B 年轻的人爱笑　　C 健康的人更爱笑　　答案【A】

<仿>书写·用所给词语完成句子

自己的　身体　**老**年人　要　关心　　参考答案：**老**年人要关心自己的身体。

<仿>书写·根据拼音写汉字

lǎo

他特别喜欢(　　)的、旧的东西，比如旧书，他家还有一台比我年纪大的自行车。

答案【**老**】

【绿】 lǜ 形 像草和树叶的颜色。green

扩展与搭配　绿色 lǜsè　绿叶 lǜ yè　绿树 lǜ shù　绿茶 lǜchá　绿灯 lǜdēng

<仿>阅读·根据句子选择上下文

A 你该多跟儿子在一起聊聊天儿。

B 上了一上午的课，有点儿累啊！

C 你都在电脑前坐了一个多小时了。

D 我洗完衣服就过去，你先吃吧。

E 当然。我们先坐公共汽车，然后换地铁。

F 公司最近事情很多。

站起来看看楼下那块**绿**色的草地，休息一下眼睛吧。（　　）　　答案【C】

<仿>阅读 · 选择词语完成句子或对话

A 别人　　B **绿**　　C 表演　　D 厨房　　E 声音　　F 害怕

春天到了，天气暖和了，树（　　）了，花开了。　　答案【B】

<仿>阅读 · 阅读句子选择正确答案

茶有很多种，**绿**茶、红茶、花茶，我最喜欢喝**绿**茶。每天一边工作，一边喝杯热茶，真是舒服极了。

★关于他，可以知道：

A 经常渴　　B 最喜欢喝**绿**茶　　C 工作很忙　　答案【B】

【年轻】 niánqīng 形 年纪不大（十几岁到二十几岁）；年纪比和他比较的人小。young

扩展与搭配　年轻人 niánqīngrén　　很年轻 hěn niánqīng　　年轻时 niánqīng shí
长得年轻 zhǎng de niánqīng　　你比他年轻 nǐ bǐ tā niánqīng
更年轻 gèng niánqīng

<仿>听力 · 听句子判断正误

爸爸**年轻**时是他们学校里有名的体育老师，跑得特别快，对人也非常好，大家都很喜欢他。

★爸爸**年轻**时是音乐老师。（　　）　　答案【×】

<仿>阅读 · 根据句子选择上下文

A 我下班经过的那条街今天人特别多。
B 外面怎么那么黑？要下雨了吗？
C 我那件白色的衬衫呢？你看见了吗？
D 我一会儿就去图书馆，你去吗？
E 当然。我们先坐公共汽车，然后换地铁。
F 因为他们觉得那里机会会多一些。

很多**年轻**人选择去大城市工作。（　　）　　答案【F】

<仿>阅读 · 选择词语完成句子或对话

A 东　　B **年轻**　　C 双　　D 爱好　　E 担心　　F 护照

A：你女儿长得真漂亮！而且越来越像你了。
B：谢谢！但她比我（　　）时瘦一点儿。　　答案【B】

<仿>阅读 · 阅读句子选择正确答案

中国有句老话，“少壮不努力，老大徒伤悲”，意思是**年轻**时应该努力。你们现在正**年轻**，像是人生的春天，是希望的季节。

★他们现在：

A 很忙　　B 很**年轻**　　C 很着急　　答案【B】

【胖】 pàng 形 肉很多。fat

扩展与搭配　胖乎乎 pànghūhū　不胖 bú pàng　胖脸 pàng liǎn　小胖子 xiǎo pàngzi　长胖了 zhǎng pàng le

<仿>阅读 · 根据句子选择上下文

A 昨天下班的时候雨下得非常大。

B 我这段时间身体一直不太好。

C 我和朋友周末想去北京玩儿，你去吗？

D 服务员，请把菜单给我。

E 银行现在会关门吗？

你最近瘦多了，要多吃点儿东西，让自己**胖**一点儿。(　　)　　答案【B】

<仿>阅读 · 阅读句子选择正确答案

这只小狗是我同学的，他让我帮忙照顾几天。前两天小狗生病了，还好发现得早，现在已经没事了，它比来的时候还**胖**了些呢。

★关于那只狗，可以知道什么？

A 长**胖**了　　B 还在吃药　　C 感冒还没好　　答案【A】

【瘦】 shòu 形（a）肉很少。thin（b）（衣服、裤子、鞋等）比需要的小。(of clothes, shoes, etc.) tight

扩展与搭配　瘦小 shòuxiǎo　很瘦 hěn shòu　胖瘦 pàng shòu　非常瘦 fēicháng shòu　太瘦了 tài shòu le　有点儿瘦 yǒu diǎnr shòu　裤子瘦 kùzi shòu

反义词　胖 pàng

<仿>听力 · 听句子判断正误

有些女孩为了能变**瘦**，有时候饭也不吃、水也不喝，时间长了对身体很不好。其实，健康才是最重要的。

★健康比漂亮重要。(　　)　　答案【√】

<仿>听力·听对话选择正确答案

男：你最近怎么每天都跑步啊？

女：我最近胖了，以前的衣服都不能穿了。

男：我看你没有变化啊，可别太**瘦**了。

女：我还是觉得**瘦**点儿好，这样就可以穿漂亮的衣服了。

问：女的希望自己怎么样？

A 胖一点儿　　B **瘦**一点儿　　C 长高一点儿　　答案【B】

<仿>阅读·根据句子选择上下文

A 明天的 HSK 考试要求带 2B 铅笔。

B 你看见我的手机了吗？我记得放在桌子上了。

C 你哥哥的工作怎么样了？忙吗？

D 这孩子刚 5 岁就认识这么多字，真聪明！

E 当然。我们先坐公共汽车，然后换地铁。

F 你最近是不是**瘦**了？用了什么办法？

我也觉得自己**瘦**了不少，我天天去游泳。（　　）　　答案【F】

<仿>书写·根据拼音写汉字

shòu

这件衣服太（　　）了，换一件吧。　　答案【**瘦**】

【新鲜】 xīnxiān 形（a）没有变坏的食物，（花朵等）没有失去水分。fresh（b）（空气里）没有其他气体。fresh（c）新奇。new, novel

扩展与搭配　新鲜的水果 xīnxiān de shuǐguǒ　新鲜的菜 xīnxiān de cài
不新鲜 bù xīnxiān　觉得新鲜 juéde xīnxiān
空气新鲜 kōngqì xīnxiān　新鲜事 xīnxiān shì

<仿>听力·听句子判断正误

每天和女儿在微信里聊天儿时，她都要给我讲她听到的、看到的**新鲜**事。讲到开心的地方，我俩就会哈哈大笑。

★女儿每天都会和他讲**新鲜**事。（　　）　　答案【√】

我家附近有个大公园，公园里有一条河，河边有草地，有大树，还有鸟，那里的空气特别**新鲜**。

★他对他家周围的环境很满意。（　　）　　答案【√】

<仿>阅读·阅读句子选择正确答案

孩子们来到一个新环境，总是安静不下来，因为他们会觉得什么都是**新鲜**的，他们总想到每一个地方都看一看。一段时间以后，才会慢慢安静下来。

★来到一个新的环境，孩子们会：

A 很安静　　B 觉得很**新鲜**　　C 不高兴　　答案【B】

<仿>书写·用所给词语完成句子

这些　很　**新鲜**　香蕉　　参考答案：这些香蕉很**新鲜**。

19 自然

【春】 chūn 名 春季，四季的第一季。spring

扩展与搭配　春天 chūntiān　春季 chūnjì　春风 chūnfēng　春雨 chūn yǔ　春游 chūnyóu

近义词　春天 chūntiān / 春季 chūnjì

<仿>阅读·根据句子选择上下文

A 她这么快就要结婚了！她不是说不结婚吗？

B 中国云南的昆明四季都很暖和，就像**春**天一样。

C 你这条裙子有点儿短，换一条吧。

D 吃完饭你洗碗筷吧。

E 这条街的后面有一家超市。

是啊，所以这个城市还有另一个名字——“**春**城”。（　　）　答案【B】

<仿>书写·用所给词语完成句子

经常　**春**天　刮风　沈阳　的　　参考答案：沈阳的**春**天经常刮风。

【冬】 dōng 名 冬季，四季的最后一季。winter

扩展与搭配　冬天 dōngtiān　冬季 dōngjì　冬雪 dōng xuě　入冬 rù dōng

近义词　冬天 dōngtiān / 冬季 dōngjì

<仿>听力·听句子判断正误

中国东北的**冬**天非常冷，最冷的时候差不多有零下 30 度。所以，到了冬天，很多东北人喜欢去南方旅游。

★中国东北的**冬**天特别冷。（　　）　答案【√】

<仿>阅读·选择词语完成句子或对话

A 冬天　B 洗澡　C 老　D 爱好　E 洗手间　F 蛋糕

A：那个国家（　　）不冷，夏天不热。

B：这么好，是哪个国家呢？ 答案【A】

【刮风】guāfēng 动 起风。be windy

扩展与搭配 经常刮风 jīngcháng guāfēng

继续刮风 jìxù guāfēng

没刮风 méi guāfēng

又刮风了 yòu guāfēng le

不刮风 bù guāfēng

刮风下雨 guāfēng xià yǔ

刮了一天风 guāle yì tiān fēng 刮起风来 guā qǐ fēng lái

风刮得真大 fēng guā de zhēn dà 被风刮走了 bèi fēng guāzǒu le

<仿>听力·听句子判断正误

外面怎么突然刮起风来了？天也黑了，我看是要下雨吧，快去把外面的衣服拿进来吧。

★外面的衣服被风刮走了。（ ） 答案【×】

又不想吃饭了？这样不行，你太瘦了，大风会把你刮走的。

★外面正在**刮风**。（ ） 答案【×】

<仿>阅读·阅读句子选择正确答案

今天外面又**刮风**了，我们还是别出去了，在家看看电视吧。一会儿爸爸回来的时候，让他买牛奶吧。

★根据这段话，我们可以知道：

A 外面**刮风**了 B 他们回家玩儿 C 他们出去买牛奶 答案【A】

<仿>书写·根据拼音写汉字

guā

这个城市一年四季经常（ ）风。 答案【刮】

【季节】jìjié 名 一年中有特点的时期。season

扩展与搭配 季节变化 jìjié biànhuà 季节变换 jìjié biànhuàn

季节性 jìjiéxìng 不同的季节 bù tóng de jìjié

到季节了 dào jìjié le 成熟的季节 chéngshú de jìjié

<仿>听力·听对话选择正确答案

男：喜欢喝茶的人，不同**季节**会喝不同的茶，一般春天喝花茶，冬天喝红茶。

女：是吗？我第一次听说。我一般喝咖啡，不喝茶。

问：女的第一次听说喝茶和什么有关系？

A 水　　　　B **季节**　　　　C 咖啡　　　　答案【B】

<仿>阅读·根据句子选择上下文

A 夏天水果多，还可以穿好看的衣服。有吃的，有穿的，多好啊！

B 我明天早上9点的火车，早上6点就得起床。

C 你一定记得跟老师请假啊！

D 我小时候是在爷爷家长大的。

E 我们上课不用这本书，你买错了。

我也喜欢这个**季节**。（　　）　　　　答案【A】

<仿>阅读·阅读句子选择正确答案

我们用不同的颜色来表示不同的**季节**，比如用黄色表示秋季，用白色表示冬季。

★黄色常被用来表示：

A 夏天　　　　B 秋天　　　　C 冬天　　　　答案【B】

辨析

季节 jìjié　**季** jì

一年四季，名词“季”前不用量词，不能说“四个季”。

【秋】 qiū 名 秋季，夏季之后的季节，四季的第三季。autumn

扩展与搭配　秋天 qiūtiān　秋季 qiūjì　秋风 qiūfēng　秋雨 qiū yǔ　中秋节 Zhōngqiū Jié

近义词　秋天 qiūtiān / 秋季 qiūjì

<仿>听力·听句子判断正误

每年**秋**季都有很多公司到大学来选择他们需要的毕业生，大学生们也可以选择自己喜欢的工作。

★公司来到大学选择毕业生，一般是在春季。（　　）　　　　答案【×】

<仿>阅读·根据句子选择上下文

A 我已经很长时间没运动了。

B 我开车去接你，别急。

C 她家就在我家右边，离我家不远。

D 快来看啊，树叶有的黄、有的红，真漂亮！

E 当然。我们先坐公共汽车，然后换地铁。

F 明天考试别忘了带 2B 铅笔啊。

现在是**秋**天了，树叶都变了颜色。（　　）　　答案【D】

<仿>阅读·选择词语完成句子或对话

A **秋**天　B 米　C 换　D 爱好　E 办公室　F 历史

A：你工作几年了？

B：我是去年（　　）开始工作的，到现在才工作一年多。　　答案【A】

【声音】 shēngyīn 名 用耳朵能听到的。sound

扩展与搭配　声音大 shēngyīn dà　声音好听 shēngyīn hǎotīng
很大的声音 hěn dà de shēngyīn　说话的声音 shuōhuà de shēngyīn
下雨的声音 xià yǔ de shēngyīn

近义词　声 shēng

<仿>听力·听句子判断正误

我爷爷、奶奶一起生活 50 年了，奶奶耳朵特别好，听走路的**声音**就能知道是不是爷爷散步回来了。

★奶奶能听出爷爷走路的**声音**。（　　）　　答案【√】

小雨，同学们正在复习呢，你说话能小点儿声吗？

★他希望小雨**声音**小点儿。（　　）　　答案【√】

<仿>阅读·阅读句子选择正确答案

前几天我在网上买了两个新空调，一个房间放一个。它工作的时候，**声音**一点儿也不大，晚上睡觉也不会影响休息，你也买这种吧。

★根据这段话，可以知道：

A 睡觉的时候不能用空调　B 空调不贵　C 空调工作时**声音**不大　答案【C】

<仿>书写·用所给词语完成句子

说话　她　很　**声音**　的　好听　　参考答案：她说话的**声音**很好听。

【太阳】 tàiyáng 名 离地球最近的恒星，地球和其他一些行星围着它转，并且从它那里得到光和热。sun

扩展与搭配 红太阳 hóng tàiyáng　　太阳下山 tàiyáng xià shān
太阳升起 tàiyáng shēngqǐ　　太阳和地球 tàiyáng hé dìqiú

<仿>阅读 · 选择词语完成句子或对话

A 解决　B 安静　C **太阳**　D 黑板　E 声音　F 同意

有时候，早上（　　）已经出来了，月亮还在西边的天上呢。　答案【C】

<仿>阅读 · 阅读句子选择正确答案

太阳从西边出来了吗？今天我没叫你，你就起床了？你今天是不是有什么事情？

★根据这段话，可以知道今天：

A 他起得晚　B 他有事情　C 他起得早　答案【C】

<仿>书写 · 用所给词语完成句子

月亮　得　**太阳**　大　多　比　参考答案：**太阳**比月亮大得多。

【夏】 xià 名 夏季，四季的第二季。summer

扩展与搭配 夏天 xiàtiān　夏季 xiàjì　夏初 xià chū　夏夜 xià yè

近义词 夏季 xiàjì / 夏天 xiàtiān

<仿>阅读 · 阅读句子选择正确答案

这个城市的鲜花非常有名，种类特别多。所以每年**夏**天这里都会举办一个鲜花节，来这里看花的人特别多。

★这个地方的**夏**天：

A 有鲜花节　B 常下雨　C 水果很多　答案【A】

我们这儿春节的时候可冷了，但是三亚还是**夏**天呢，所以我们春节要去三亚旅游。

★他们什么时候去三亚？

A **夏**天　B 春节　C 春天　答案【B】

【月亮】 yuèliang 名 月球。moon

扩展与搭配 太阳和月亮 tàiyáng hé yuèliang
月亮又大又圆 yuèliang yòu dà yòu yuán
没有月亮 méiyǒu yuèliang　　看月亮 kàn yuèliang
月亮像小船 yuèliang xiàng xiǎo chuán

近义词 月球 yuèqiú

<仿>听力·听句子判断正误

中秋节那天，中国人习惯晚上和家人一起吃饭、聊天儿、看**月亮**。

★中秋节那天人们要看**月亮**。(　　)　　答案【√】

<仿>阅读·选择词语完成句子或对话

A 照顾　B 一样　C **月亮**　D 爱好　E 要求　F 同事

A：你打算给(　　)画什么颜色呢？

B：当然画黄色啊，别的颜色不好看。　　答案【C】

<仿>书写·用所给词语完成句子

月亮　圆　又　今晚的　大　又　　参考答案：今晚的**月亮**又大又圆！

音序表

词条分类表

一、家庭生活

1. 感知

聪明	简单	清楚	甜
打算	可爱	热情	同意
担心	了解	认为	忘记
方便	满意	认真	习惯
放心	明白	容易	相信
关心	难	生气	像
害怕	难过	试	小心
坏	努力	舒服	愿意
记得	奇怪	疼	着急

2. 个体

爱好	放	借	腿
搬	个子	哭	洗澡
帮忙	关	离开	用
鼻子	还	脸	站
别人	换	拿	长
带	机会	起来	种
耳朵	脚	刷牙	自己
发	解决	头发	嘴

3. 购物

超市	裤子	皮鞋	信用卡
衬衫	礼物	裙子	银行
花	帽子	伞	

4. 家庭

阿姨	打扫	空调	叔叔
包	灯	邻居	洗手间
冰箱	结婚	奶奶	爷爷

5. 健康

发烧	检查	照顾
感冒	健康	

6. 交流

关系	见面	客人	遇到
欢迎	接	聊天儿	

二、社会生活

7. 工作

办法	电子邮件	经理	完成
办公室	会议	同事	

8. 交通

船	电梯	起飞	自行车
地铁	街道	司机	

9. 教学

班	回答	楼	图书馆
笔记本	讲	年级	文化
成绩	教	请假	校长
迟到	句子	数学	中文
词典	历史	水平	作业
复习	练习	提高	
黑板	留学	体育	

三、业余生活

10. 餐饮

饱	蛋糕	渴	面包
菜单	饿	筷子	盘子

啤酒	瓶子	碗	饮料

11. 旅行

城市	护照	行李箱
地图	黄河	照片
国家	世界	照相机

12. 娱乐

比赛	公园	节日	新闻
参加	故事	爬山	音乐
锻炼	画	骑	游戏
感兴趣	节目	上网	

四、生活常识

13. 表达

啊	多么	极	向
把	根据	经常	一定
被	跟	经过	一边
比较	更	其实	应该
必须	关于	其他	又
不但……而且……	过	如果	越
差	还	特别	只
除了	还是	突然	只有……才……
当然	或者	为	终于
地	几乎	为了	总是

14. 生物

草	花	鸟	香蕉
动物	马	树	熊猫

15. 时空

北方	附近	后来	马上
地方	刚才	环境	南
东	过去	结束	然后

西	以前	周末	
先	一直	最后	
一会儿	中间	最近	

16. 事理

变化	选择	影响	注意
发现	要求	有名	
决定	一样	重要	
需要	一般	主要	

17. 数量

半	角	双	元
层	刻	条	张
段	口	万	只
分	辆	位	种
公斤	米	一共	

18. 性状

矮	干净	老	瘦
安静	久	绿	新鲜
长	旧	年轻	
短	蓝	胖	

19. 自然

春	季节	太阳
冬	秋	夏
刮风	声音	月亮

版权声明